相手のキャラを見きわめて

15秒で伝える！

最小の手間で、
最高の結果を出す方法

話し方コンサルタント・
トップ講師プロデューサー
羽田 徹

ダイヤモンド社

はじめに

最小の手間で、最高の結果を出す「伝え方」

本書を手に取っていただきありがとうございます。

この本を手に取ったということは、みなさん、伝え方に悩んでいるのだと思います。そう、ビジネスの世界においては、具体的な会話なしでは事が進みません。

もちろん、昨今はメール連絡も欠かせませんが、商談や、会議、依頼、プレゼンなどの場では、やはり何を、どうやって話すかが重要です。

伝え方次第で、取引が成立したり、提案が通ったり、自分の仕事がやりやすくなったり……と、うまく伝えることができれば、その効果は計り知れません。

つまり、ちょっとした努力で、最高の効果を発揮できるのが「伝え方」のテクニックなのです。

今や、誰もが忙しく、時間がありません。そんなときにだらだら話していても、きちんと聞いてはくれません。

例えば、あなたが、誰かからオススメの商品を紹介されたとします。5分ぐらい説明を聞いて、いったいどれだけのことを覚えていますか？

ほとんどの言葉を覚えていないでしょう。

ただし、気になるキーワードがあれば、そのキーワードだけは覚えているはずです。人は、文章では覚えてくれません。覚えるのはキーワードのみです。

だからこそ、話す側も、最初から伝えたいキーワードを決めて話す。これを知っているかどうかで、仕事のパフォーマンスが違ってきます。

15秒で伝えることを意識する

人が集中して聞いていられるのは3分だといわれていますが、伝えることに限っていえば、その最適な時間は「15秒」です。

短い、と思うかもしれませんが、この15秒という数字は、テレビCMで標準的に流れるバージョンの長さです。要するに15秒もあれば十分に商品の魅力を伝えられるのです。

逆に15秒で商品の魅力を伝えられない場合は、その商品がお客様にとって分かりづらいものだと思った方が良いでしょう。

必要最低限にして十分な15秒という時間が、「伝える」上で、大きなカギになります。私はもともとラジオのＤＪをしていましたが、ひとつのメッセージは15秒以内を意識していました。この長さをひとつの塊と意識して、１つの話題は集中力の切れない３分以内にするのです。

これを意識しないと、すぐに別の放送局に変えられてしまうというのが理由ですが、この原則はビジネスの世界に入って非常に役立ちました。

仲良くなっても人は動かない

そんな私も、過去には人とは仲良くなれるけど、人への伝え方が下手だったために、仕事で全く結果が出せない日々がありました。

私がなぜ、本書を書こうと思ったのかの原体験にもなりますが、少し、私の経験をお話しさせてください。

私は、大学4年の時からラジオの仕事に夢中になり、卒業後は地元のラジオ局に入り、その後、大阪（FM802）、名古屋（FM愛知）、文化放送と、ラジオパーソナリティとして自身の番組を持って活動していました。

しかし、31歳の時に帯の番組が突然終了したのです。当時はラジオDJとして生きていく自信を失い、放送以外の社会を全く知らない自分が、番組でも何を根拠に喋っているのかが分からなくなりました。

そこで、社会勉強のためにビジネスの世界に飛び込み、まずは投資用不動産の営業マンとして第2の人生をスタートしました。

私自身は、話すことを職業としていましたし、ラジオでは芸能人から文化人、経済人、一般のリスナーまで大勢の人とトークをした経験から、コミュニケーションには自信がありました。ですから、不動産も簡単に売れるだろうと高をくくっていたのです。

しかし、現実はそう甘くはありません。

結果、入社してから365日間、売り上げゼロを経験し、プライドはズタズタになりました。いい大人がトイレの個室に入り、声を殺しながら悔し涙を流したこともありました。

いくら、お客様と仲良くなっても、高額商品は売れないのです。

「相手に伝える」、その結果「相手に動いてもらう」には何が必要なのか？　私は一念発起して、いろいろな本を読み漁り、実践を繰り返し、自分なりの理論を導き出しました。

その結果2年目には、年商500億円の会社で1位、つまりトップ営業となることができたのです。そして、それが縁で、お客様に誘われ眼鏡会社の役員に就任し、経営も含めたビジネスの基本を身に付けることができました。

現在は、組織人事コンサル会社で大手企業向けに研修講師として活動し、また、講師を育てる講師として、「世の中の講師の質が上がれば日本が元気になる」をモットーに活動しています。

こうした経験から実感したのが、相手のキャラを見きわめて15秒で伝える必要性です。

ラジオＤＪ時代に培った端的に伝える技術と、営業や経営、講師経験で身に付けた、相手のキャラを見きわめて伝える技術を掛け合わせることで、自分自身も大きく変わりました。

独りよがりで長々と説明しても相手には伝わりません。**自分が伝えたいメッセージよりも、相手が聴きたいメッセージが重要**なのにも気づかされました。

会社で活躍するにはコミュニケーション力

社会人に必要とされる基礎力の中で最も大切だと言われるのが「コミュニケーション力」です。その次に続くのが、「人柄」と「主体性」とです。（経済産業省「大学生の『社会人観』の把握と『社会人基礎力』の認知度向上実証に関する調査※図1）。

ビジネスにおけるコミュニケーションというのは意思疎通がきちんとできるかどうかです。そして、その意思を伝えることで、仕事をきちんと進められるかどうか、

図1　自社で活躍している若手人材（ハイパフォーマー）が共通して持っている能力要素【対企業】

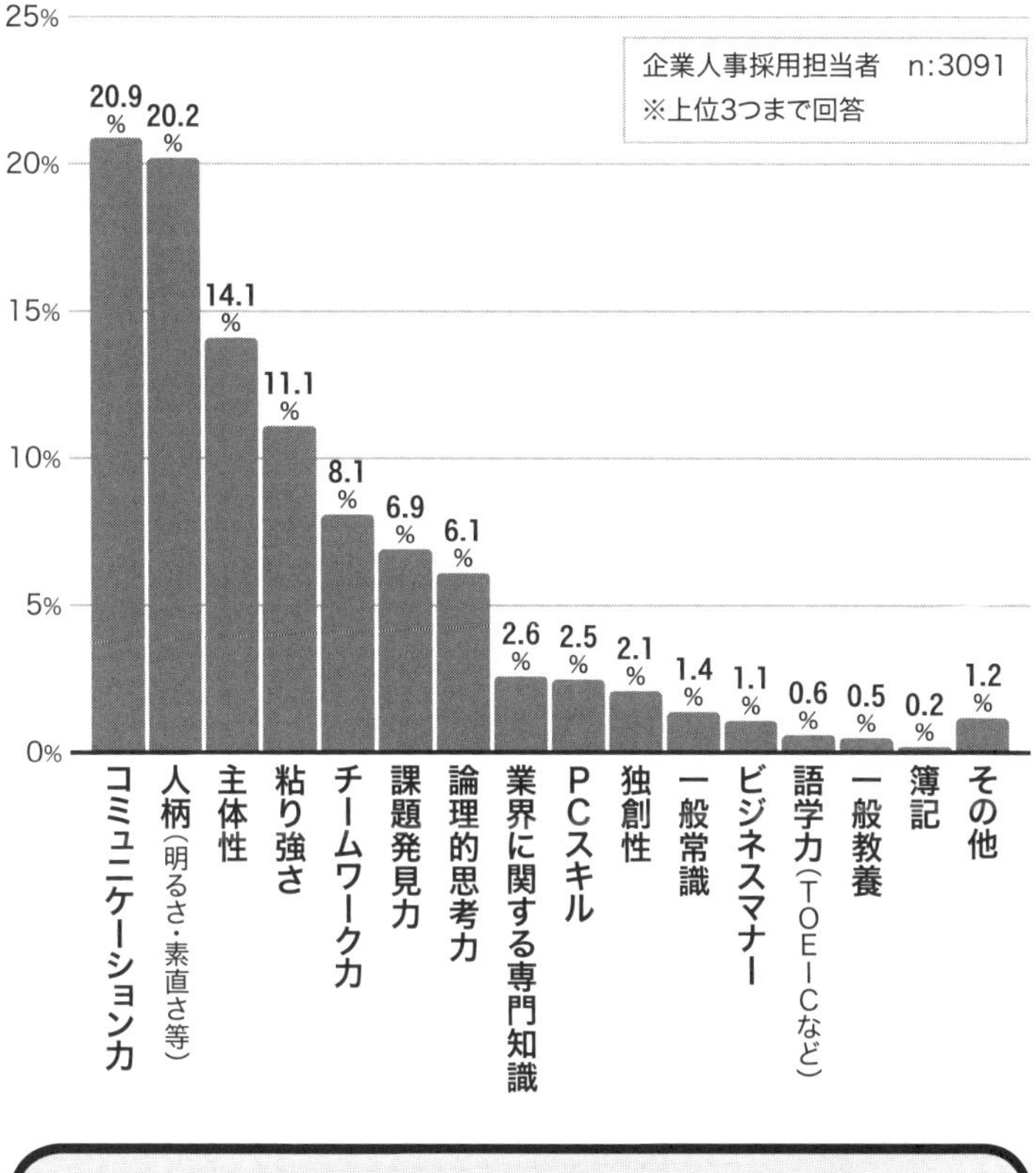

「コミュニケーション力」、「人柄（明るさ・素直さ等）」が突出して多く、次に「主体性」が続く。

人に動いてもらえるかどうか。それは技術で身に付けられるのです。


あなたが人生の中で印象に残っている言葉を思い出してください。

文章で覚えている人はほとんどいません。

人の心に残っているのは、15秒以内のキーワードです。


人を動かす言葉は、いつも端的。

「15秒で伝える」力は、最大の武器です。

本書を読んで、是非、あなたも多くの人を動かし、成果を最大化させるビジネスパーソンになってください。

2018年7月

羽田　徹

相手のキャラを見きわめて
15秒で伝える!

最小の手間で、最高の結果を出す方法

……………

もくじ

第2章

相手の「納得」を引き出すには、相手のキャラを見きわめる

第3章

相手が自分から動くポイントは「共感」と「意義」

第4章

ビジネスで効く相手の心を動かすテクニック……109

第5章 伝え方で解決！ 研修講座で大人気のお悩みQ&A……159

第1章

伝え方次第で人が動いてくれる！

しゃべりが下手でも、伝え方の技術は磨ける

私は「話し方コンサルタント」として社会人向けに話し方を教える時に言うことがあります。

「しゃべりが下手でも大丈夫」

なぜなら、立て板に水の上手なしゃべりは、ビジネスにおいてはあまり必要とされないからです。

アナウンサーのような正しくしゃべる技術や、きれいにしゃべる技術は必要ありません。

声が多少かすれていようと、なまりがあろうと関係ありません。

要は、相手が動いてくれるような伝え方の技術さえあれば良いのです。

その技術とは何か、というと、この本のテーマでもある、相手のキャラクターを見きわめて、15秒で伝える、ということです。

15秒という数字は短いようで実はしっかり情報が伝えられる時間です。「はじめに」でもお伝えした通り、人が集中して聞いていられるのは3分、それも始めの15秒が肝心です。15秒というのは、文字数にすると70文字〜80文字、この時間、文字数を絶対に無駄にしてはいけません。

相手に何かを伝えたい時には、なにも考えずにだらだらと話し始める人が多いのですが、自分はなんのために、この会話をするのか（目的）、相手にどうしてほしいのか（結果）を、事前に考えたことはありますか？　15秒間に何を込めるのか、その「目的」と、得られる「結果」を考えるクセをつけましょう。

15秒という長さが決まれば、話の組み立てはどうしてもシンプルになります。

①結論は先に

②その目的のためにどうしてほしいのか、もしくはその対策をどうするのか

ビジネスの会話の基本は、これで、ほとんどＯＫといえます。

①はもちろん、その会話の目的です。

・上司に対して自分の提案や意見を通したい
・取引先に品質確保のため納期の延期をお願いしたい
・学生の採用面談で自社への入社を決めてほしい

など明確な目的を先に相手に伝えます。

そして②は相手に動いてもらいたいことはどのレベルなのかを、自分が認識することが重要です。

例えば、相手が自分の意見に単に同意してほしいのか、同意した上で何か協力してほしいのか、それとも打ち合わせの時間を取ってほしいのか、こちら側にもっとメリットがあると感じてほしいのか……。

この①と②を意識すると、相手に確実に伝わりやすくなるはずです。

私自身の経験から、しゃべりが得意だと思っている人よりも、**人見知りするぐらいの人の方が結果は出しやすいと思っています。**それは、少しくらい人見知りの方が、相手のことをよく観察し、相手の話をきちんと聞くことができるからです。

伝えるための「目的」を持つ

15秒で相手に伝わるポイントは**「誰に」「何を」伝えるか、自分はなんのためにこの会話をするのか目的を持つこと**です。

まず、「誰に」と考えたときに大事なのが「相手を知る」ことです。

全く同じ言葉を伝えても、それが心に響く人もいれば、逆に反感を覚える人もいます。

本書の大切な観点でもありますが、**相手のキャラによって、状況によって、伝えるべき言葉は変わります。**全く同じ年齢、性別、国籍、職業、役職でも、相手のキャラによってその反応が違うからです。そこを理解せずに自分の話したいことをしゃべっても、独りよがりになるだけで、相手には伝わりません。

そして、次に大事なのが「何を」伝えるか、です。

自分はこうしてほしいと思って伝えたとしても、相手にきちんと理解されていないないと動いてくれません。

多くの人は、具体的に相手にどうして欲しいのか？ なぜ動いてほしいのか？ その「目的」を意識せずに話し始めてしまいます。

例えば、

「今日、取引先でこのようなことがあって……」

と、その日の出来事を上司に報告したとします。

そのときの自分の目的は何か。それを漠然と考えて話し始めていませんか？ 問題点の報告であれば、上司に一緒に行って謝ってほしいのか、それとも取引先を攻略するための予算が欲しいのか、それとも問題点を修正するアイデアが欲しいのか……。

「はじめに」でも述べたように、ビジネスでのコミュニケーションで大切なのは、仲良くなるだけではなく、「自分の意図したとおりに相手が動いてくれる」かどうかです。

図1-1 相手に伝わるために大切なこと

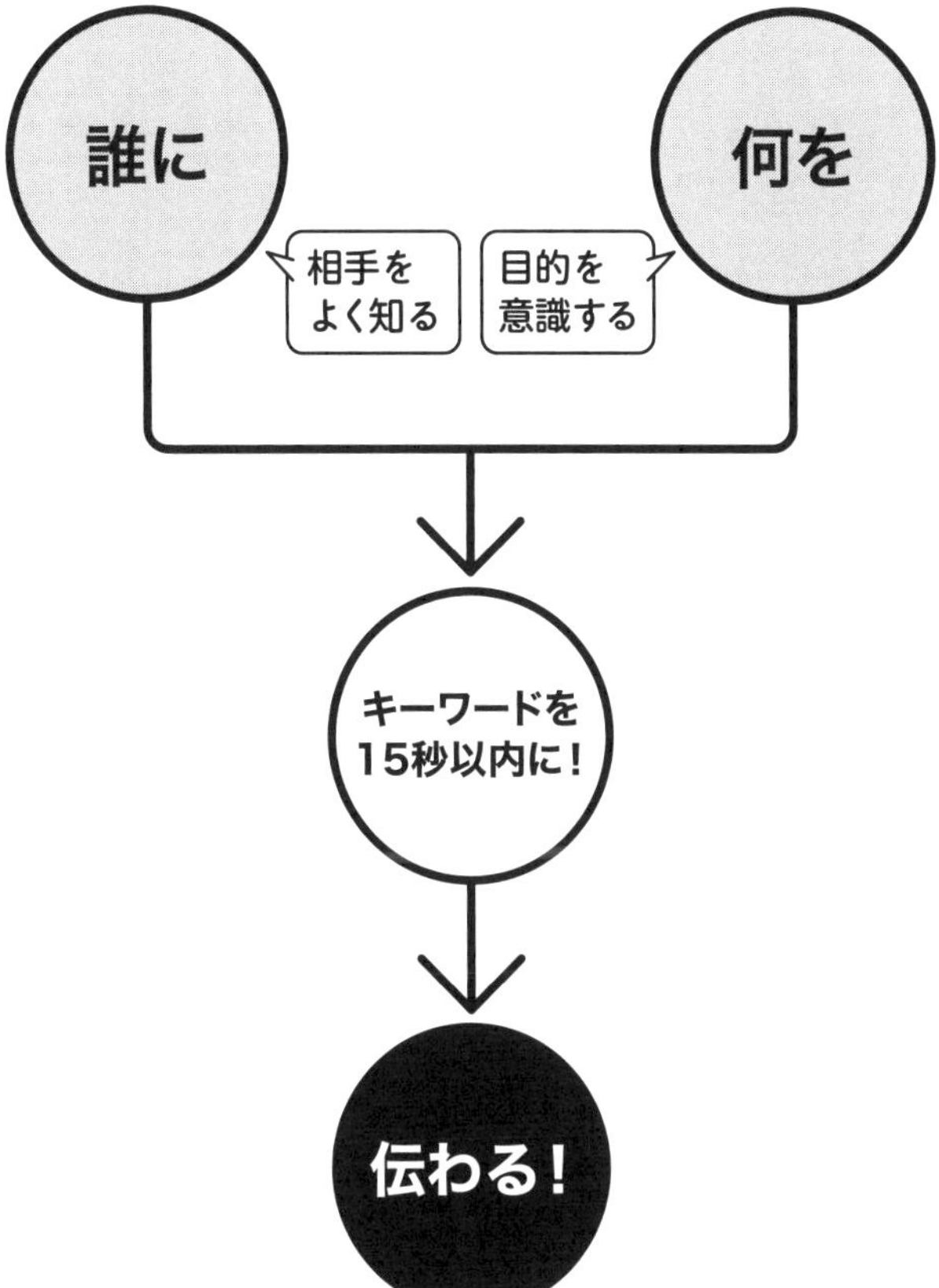

ビジネス上のストレスの多くは、人間関係です。

この人間関係のこじれは、コミュニケーションがうまくいかないことが原因です。うまくいかないというのは、自分の言っていることが相手に伝わらない。もしくは、相手の言っていることが良く分からず受け入れられない状態です。

相手に伝わらないともちろん動いてくれません。

相手からすると、こちらがどれだけ正しく伝えても「良く伝わらず受け入れられない」のですから、動いてくれません。

なぜ、言ったことをやってくれないのか?

なぜお願いしたのにやっていないのか?

その状態が続くと、大きなストレスになります。

相手に伝えるときには、まずは、その目的を明確にする。そして15秒以内で伝えるようにすると、相手の聞き方が変わり、自分の意図していることが相手に伝わり、動いてくれるのです。

次項以降で、具体的にみていきましょう。

上司が動いてくれる新人がやっていること

営業で上司に同行をお願いしたい!

例

✕「お客様のアポに同行していただけませんか?」

〇「大きな契約を狙えるアポへの同行お願いします」

人を動かす必要があるのは、何もリーダーやマネジャーだけではありません。
人を動かす立場になったからその必要性がでるのではなく、そもそも人を動かすことが上手い人がリーダーやマネジャーに抜擢されるのです。
だから、人を動かす力は新人の頃から身に付けるべきです。

「羽田さん、僕が絶対に契約を決めたいお客様がいるのですが、そのお客様は経営センスが抜群で、ロジカルも強いんです。このお客様は羽田さんでないと対等に話ができないと思うので、是非アポに付いていきていただけませんか？」

私は、新人の部下からこう持ちかけられて、二つ返事で了承しました。了承したどころか、ちょっと気分も良くなり、この新人のためなら、何でも協力してあげようという気持ちにもなっています。

ここで重要なのは、単にお願いをするだけではありません。前述した「目的」を意識するのが大事です。具体的に細かく言えば、

①自身の意志を伝える➡僕が絶対に契約を決めたい
②なぜお願いしたいのか理由が明確➡経営センスもよく、ロジカルに強いお客様だから
③動きたくなる動機を形成している➡羽田さんでないと対等に話ができない

例題の悪い例も同じです。

「お客様のアポに同行していただけませんか？」だけだと、意志も無く、なぜ自分が同行しなくてはいけないかの理由も無く、上司がわざわざ同行する動機も生まれません。

しかし、「大きな契約を狙える」と付けるだけで、同行する意味も生まれ、自部署に大きな利益をもたらす契約なら動こうという動機も形成されます。

私を動かした部下は、私の特性をしっかり掴んで、理由と動機を強めた上に、「羽田さんでないと対等に話ができないと思うので」と、私のプライドまでくすぐって気分良くさせています。

後日、その彼が「羽田さんは褒めれば簡単に動くから」と同僚に話しているのを聞いてしまいましたが、褒めどころを分かっているので良しとしましょう……。

・

このように先輩や上司を動かすことができれば、まだまだ自分には受注する営業能力が無くても、契約を取ることができます。

先輩や上司が動いてくれたおかげだとしても、実績は間違いなく自分に付き、評価もされるのです。

もちろん、リーダーやマネジャーに昇格した時も、部下を動かす力と同時に、上司を動かす力がその人の成果となり返ってきます。

自部署の利益になるように、会社を動かし上司を動かすことができる人が、結果的にその部署の成果も上げられます。

部下の不満の大きな要素として、「うちの上司は全然上にモノが言えない」というものがあります。

下にばっかり偉そうにしていても、上にモノが言えない上司は評価されません。

若手の頃から、どのように上司に伝えればいいのか、そして、どのように上を動かすことができるかを考えて行動することで、大きく成長できるのではないでしょうか。

周りを巻き込めばあなたの仕事が楽になる

- 残業ばかりで仕事が終わらない。
- 緊急の用件ばかりが飛び込んできて全然仕事が進まない。
- いつまでたっても目の前の業務に追われて、本来やるべき重要な仕事に取り掛かれない。

こんな状態になっている人は危険です。人を動かすどころか、人に動かされ、使われている状態です。この状態では成果が上がらないどころか、評価も下がってしまいます。

不思議なもので仕事というのは、意志が無い人には、どうでも良い仕事が回ってきます。

また、目の前の仕事でいっぱい、いっぱいになっている人ほど、自分の仕事を抱え込んでしまいがちです。

かつての私もそうでした。

私の場合は、プライドが高く、人に頼るのが下手でした。投資用不動産の営業マン時代、営業は一人の力でなんとかするものだと思っていました。しゃべりに自信があったので余計にそう思ってしまっていました。

しかし、なかなか受注は取れず成績は上がらないどころか売り上げゼロが３６５日続いたのです。

それで、途中でプライドを捨てました。

売れている営業マンにその秘訣を聞き、売り方を教えてもらいました。そして、営業は一人で売っているものと思い込んでいましたが、周囲との連携を意識するようになったのです。

次に仕入れ担当の営業と仲良くなり、いち早く仕入れ情報を聞き出すようにしました。

やはり営業同士でも誰がいち早く良い物件を売るかは競争です。そして、いい物件ほど、営業マンたちの間で取り合いになります。不動産会社でトップになろうとしたら、まず仕入れた物件情報をできる限り早くキャッチして、よい物件を選び、購入するお客様を見つける……それが重要なのです。

しかし、複数いる仕入れの担当者は、自分の仕入れの物件情報しか持っていません。ですから、全ての仕入れ情報を仕入れるためには、全ての仕入れ担当と繋がるか、仕入れ担当の部長を押さえるしかありません。

けれど仕入れの部長は、実績のまだない新人の私などに、すべての物件情報を教えてくれるはずがありません。

そこで、私が気づいたのは、「会社の中で誰よりも物件の仕入れ情報を持っている人」の存在、つまり経理担当者でした。

そもそも、物件を仕入れるためには決済をします。そのお金を支払うのは経理担当ですから、契約が決まった段階ですぐに支払い情報が入り、自動的に物件の仕入れ情報も入ることになります。つまり、良い物件がいつ決済されるか？ その担当は誰なのかが、経理では一元管理されているのです。

さらに、契約書の作成には法務部の担当者を動かす必要もあります。

相手も人間です。関係性が薄い新人よりも、他の親しい人を優先させて動きます。だからこそ、関係性を作り、こちらの無理なお願いにも答えてもらえる状態を作りました。

このように、売れている営業マンに営業のやり方を教わり、仕入れ担当、経理担当、法務担当との繋がりを強化し、周囲の人に動いてもらった結果、2年目で年間売り上げ500億円の会社でトップ営業になれたのです。

もちろん、自分一人では売るのが難しいような大きな物件は、先輩や部長、さらには社長にも動いてもらい営業を一緒にしてもらうことで、自分一人では到底作りだせないような売り上げを作ることができました。

また、それまでは一人で孤軍奮闘していたため、仕事量も多くなりがちでしたが、周囲の協力を仰ぎながら動くようになったお陰で、自分の仕事そのものも楽になったのです。

売り上げが上がったのに仕事が楽になる。

こうやってトップ営業は、成果を創りだすことに時間が割けるようになり、より売り上げを上げるのだと実感したものです。

図1-2 トップ営業になるには周りの協力が大事

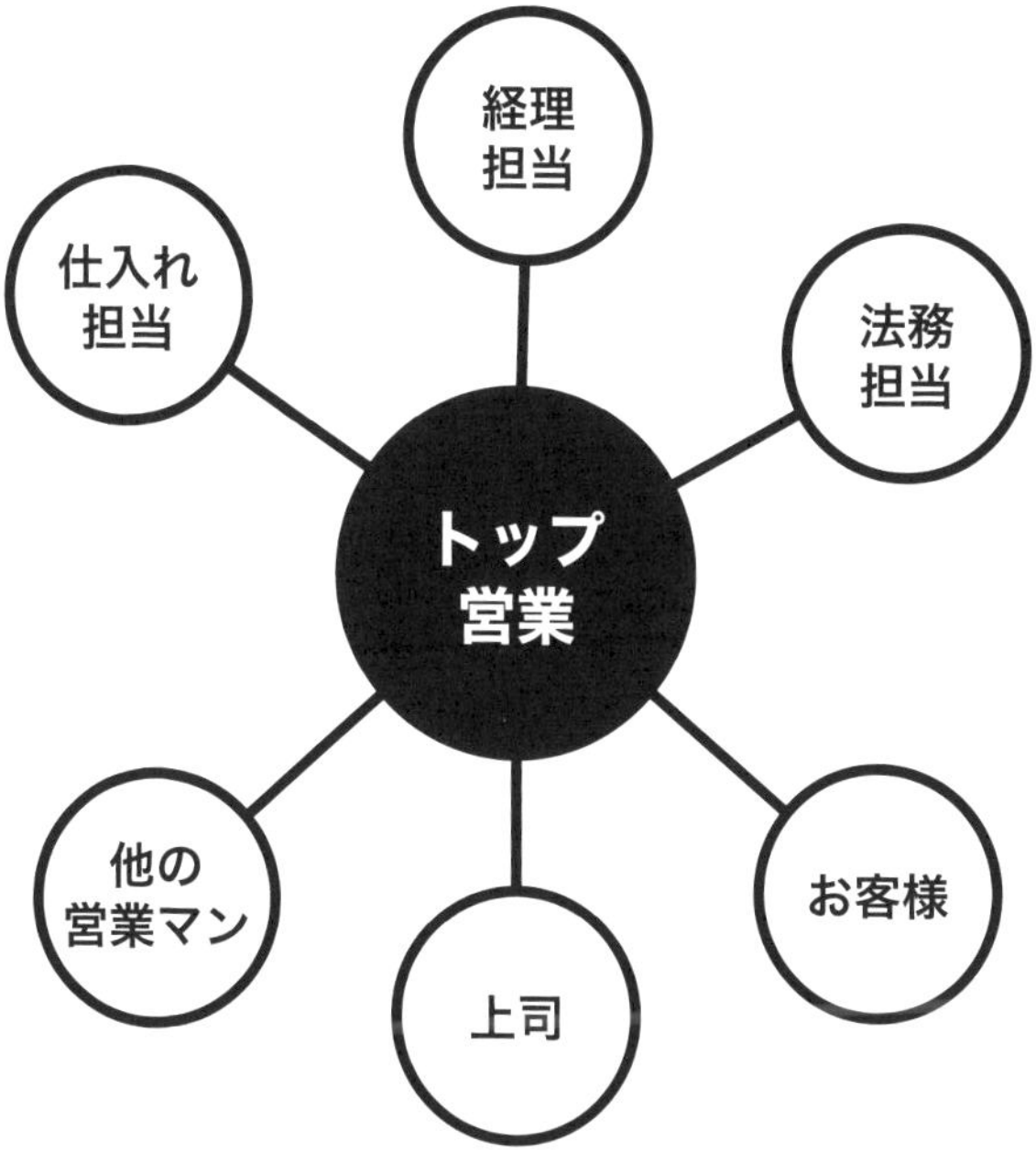

人に伝えることで周りを巻き込み
仕事がうまく回るようになる！

人を動かすなら、聞かれたことをそのまま伝えてはいけない！

「この商品はおいくら？」という質問に対する答えは？

例

✕「はい、こちらは税込みで１万円となっております」

〇「こちら税込みで１万円です。他の商品よりお値段は張りますが、チタン素材で軽くてさびにくく長持ちするのでお買い得ですよ」

人の心を動かすためには、相手の深層を読む力が必要です。

相手が言う言葉は、必ずしもストレートに自分の気持ちを伝えているとは限らないからです。

例題の「この商品はおいくら?」という質問。

これは、メガネ屋時代に実際にあったことです。

お客様が、2つのメガネを比較して悩んでいます。どうやら一方のメガネが気に入ったようでじっと眺めています。

しかし、2つのメガネは値段が違います。自分が気に入ったメガネの方が高かったので、お客様は悩んだ結果、値段は見ていたのですが、2つのメガネの違いが明確にならず、もやもやしています。

ですから、本当に値段が合っているのかも含めて、あえて店員に質問をしたわけです。

ここまでのお客様の行動も踏まえて、その言葉はどういう深層から出たのかを推測してみましょう。

お客様は値段そのものを聴きたいのではなく、なぜ、こちらの方が高いのか?その高い値段を払うだけの価値があるのか?を知りたかったのです。

もし、「はい、こちらは値札のとおり、税込みで1万円となっております」と答えていたら、お客様は、「あっ、そうなのね」と言って、迷いの元は解消されずその場から立ち去ったかもしれません。

しかし、その気持ちの深層をしっかり読み取って、「こちら税込みで1万円です。他の商品よりお値段は張りますが、チタン素材で軽くてさびにくく、長持ちするのでお買い得ですよ」と、高い理由と、その価値をしっかりと伝えることができれば、お客様は迷いが消えて、「じゃぁ、こちらのメガネを下さい」となるのです。

マネジメントをする際にも、部下の深層が読めるかどうかで部下からの信頼が変わります。

面談で、「今のプロジェクトはうまくいっている？」と上司が聞いて、「はい。工程は順調に進んでいます」と部下が答えました。

ここで、「それは良かった。引き続きよろしく！」で終わると失格です。この短い言葉にも相手の深層が隠れています。

わざわざ「工程は……」と順調にいっていることを限定して言うということは、それ以外にうまくいっていないことがあるのかもと深層を読むのです。

「工程は順調なのに、何かうまくいっていないことってあるのかい？」
「はい……。実は、メンバーの取り組み姿勢に温度差があって、チーム内で確執が起こっていまして……」と、今の悩み事を話しだします。

上手くいっていないことは話づらいものです。その深層をしっかり読んでフォローができると、自分のことを理解してくれていると信頼が増すのです。

あなたのことを信頼した部下は、あなたからの指示も、お願いも聞いてくれて、あなたのために動いてくれるようになります。相手の深層を読むことに関しては、第4章でも詳しく触れています。

「誰に」を意識すると伝え方が変わる

もし、あなたが自社の商品やサービスを売るとします。そして商品の特徴や良さ、商品のスペックなどの情報を伝えようとします。

しかし、それは、誰にとって必要な情報ですか？　その情報で誰が買うという行動に出ますか？

ある日、家電量販店に行くと、年配の女性がパソコン売り場で何を買ってよいのか迷っていました。

そこに、颯爽とパソコンに詳しそうな店員が近寄って自信満々に声を掛けます。

「お客様、パソコンをお探しですか？　こちらのパソコンは、最新のスペックでCPUも最新のクアッドコアを搭載しています。メモリーは〇〇GBで映像処理も〇〇ボードを搭載しているためサクサクです。こちらのパソコンなら、一通りなんでもできるので、間違いありませんよ！」

それを聞いた年配の女性は、

「はぁ……。なんだか良く分からないので……。結構パソコンって高いのね……」

と答えました。

このお客様は買わないなと思ったのか、その店員さんは、その場から離れてしまいました。

次にまた別の店員さんがやってきました。

今度は、少し押しは弱そうですが、優しそうな店員さんです。

「こんにちは！　パソコン難しくて分からないですよね？　初めてお使いですか？」

「そうなんですよ。何を買っていいのやら、ほんと何も分からなくて」

「お客様は、パソコンで何をされるのですか？　買おうと思ったきっかけは何ですか？」

「最近、孫ができて娘が孫の写真を送ってくれるんだけど、それを整理したくてね。パソコンがあれば写真を見られるし、アルバムとか写真の年賀状とか作れるでしょ？」

「なるほど、では、メールのやりとりとか、写真の整理とかできればいいですね？他には、Ｗｅｂを見たりとか、パソコンでテレビ電話とかもできれば嬉しいですよね？」

「あら、それはいいわね。娘もパソコンがあれば、スマートホンと繫いでテレビ電話できると言ってたわね」

「では、難しい機能は必要無さそうなので、カメラが付いていて写真も編集できる、こちらのパソコンがお値段も手ごろで良いと思います」

「まぁ、嬉しい。あなたのオススメなら大丈夫ね！」

いかがでしょう？　もう、何が違うか分かりましたね？

最初の店員さんは、『誰』がお客様なのかを見ておらず、商品の説明をしているだけでした。

次の店員さんは、商品の説明は置いて、まずは、「誰」がどんな目的で使うのか？に焦点を当てたのです。

「誰」が変われば、目的も変わり、その商品も変わります。

商品ありきでモノを売る人は、その言葉に誰も動かされません。

『誰』が定まると、初めて「自分のための商品やサービス」に変わります。

人が、ものを買うという行動に出るのは、『自分のための商品だ！』と思った時です。

フレームで考えると、「誰に」「何を」「どのように」となります。

「誰」が決まれば、「何を」売るのかのメッセージが決定します。「どのように」は売る手法です。Webなのか店頭なのか・店頭であれば、どのように店頭で展開して売るのか? 手法が決定されます。

「誰に」が変われば伝え方が変わるのは、商品やサービスだけではありません。

同じ部下や上司でも、誰に言うのかによって、言い方は変わります。

相手が求めているもの、相手の特性を見きわめて言い方を変えるだけで、相手が面白いように動いてくれるようになります。タイプ別コミュニケーションは第2章で詳しく書いていますので、ご覧ください。

動きたくなる「メッセージ」のポイント

「誰に」が大事なのは分かったと思いますが、今度は、「何を」の部分で大事なメッセージについて考えてみましょう。

人に伝わり、人が動くメッセージとはどういうものか?

図1-3 伝えるときには「誰に」「何を」が重要

誰に	何を	どのように
・ターゲット設定 ・年齢 ・職業 ・性別 ・タイプ など	・ターゲットに合わせたメッセージを作る ・キャッチコピーや商品説明なども相手の欲求に合わせる	〈売る手法〉 Webなのか店頭なのか? ・Webでの展開 ・店頭での展開

例えば、あなたは、自社の商品やサービスを売りたいとします。

ここでは仮に、あなたが傘を売るとします。

「うちの商品は機能が優れていて品質が良く、壊れにくい商品です」

こう訴えても誰も買ってくれません。

何がダメなのでしょうか？

では、こう伝えたらどうでしょう？

「強風でも強い雨でも怖くない！ 強風でも壊れず、びしょ濡れになりません。女性でも風の抵抗を受けにくい、特殊な機能があなたを守ります」

誰の目線でメッセージを伝えているかがポイントです。

最初のメッセージは、売り手が自己視点で

売りたいポイントを言っているだけです。後のメッセージは、風雨が強い時に大変な目に合った利用者の目線に立って、その課題を解決する方法を提案しています。

「何を」のポイントは大きく2つあります。

①相手の課題を明確にしているか?
②相手の欲求にこたえているか?

この2つが満たされているメッセージであれば、人は動きます。

大事なのは「相手の」課題解決があるか

人々は、なぜお金を出して商品やサービスを買うのでしょう?

何かに課題があって、それを解決したい。もしくは、成し遂げたい欲求があり、その欲求を満たしたいのです。

例えば、企業の活動も大きく分けるとこの2つに対しての活動です。

究極の課題解決は病院です。体の悪いところを治したいから病院に行きます。病院は特殊な所で、診療にいくらかかるかは事前に教えてくれません（自費診療などは除く）。

お医者さんの言いなりで請求されて初めて金額が分かりますが、誰も文句を言いません。なぜなら、あなたの課題をしっかり解決してくれるからです。

また、健康な体を手に入れたいという欲求も満たしてくれます。

だからお医者さんは職業としても高い地位にあり報酬も多くもらえるわけです。

ほかに家や車は、人々の生活を豊かにしたいという欲求を満たし、快適な生活を送る上での課題も解決してくれます。

上司や部下を動かすのも原理は同じです。

自分の欲求を満たすために相手にメッセージを伝えても、それは企業が自社の商品やサービスを押し売りしているのと同じです。

相手の課題を解決する、もしくは欲求を満たすようにメッセージを伝えると、誰だって自ら進んで主体的に動きたくなります。

上司に稟議を通したいのであれば、その稟議が上司や会社の抱えている課題を解決するものなのか? 欲求を満たすものなのか? また、その視点で企画書や稟議書が書かれているのか?

「この企画が通れば、予算も達成できるし、さらに先方とのつながりもできるので、今後にこのような展開も考えられます」と、メリットおよび、先をイメージさせるキーワードを入れていくのです。

逆に部下を動かすのも同じです。それは部下が動きたいと思えるメッセージなのかが重要です。

「なぜ締切通りに書類を提出しないんだ! こちらの迷惑を考えろ!」では自己視点なのでアウト。

「締切に間に合わせることで信頼が得られて、あなたの仕事も後手に回らず、残業だって減るんだよ」と言えば、相手視点で相手の利益を考えて言っているので受け入れやすくなります。

メッセージは、「誰に」で、どんな相手なのかを意識し、「何を」で**相手視点で相手**

の課題を解決し、欲求を満たすことを意識する。そうすれば、今まで頑なに動かなかった相手も動き出します。

相手に伝えるには、集中が切れない3分×数セットを意識する

会話では15秒ですが、もう少し長時間のプレゼンやスピーチ、講演などの場合はどのように話せばよいのでしょうか?

これも、時間が大きなカギを握っています。

基本は1つのメッセージはどれだけ長くても3分以内に収めることです。30分話をする場合は、3分×10で話を構成するのです。

ちなみに、裏話をするようで恥ずかしいですが、この本も、1つの項目が3分以内で読める構成になっています。

1つのエピソードを3分以上話すと、どれだけ素晴らしい話でも相手は飽きてし

まいます。

カップラーメンの開発秘話で、カップラーメンの待ち時間を3分以内に収めたのは、3分以上待たされると人はイライラして美味しく食べられないという理由からだそうです。

エレベーターでも3分以上待たされると、人はイライラし、エスカレーターや階段など別の方法を選ぶ人が増えるそうです。

私はラジオDJとして話をしていましたが、その時も3分間の法則は守っていました。

「はじめに」でもふれましたがまずは伝えたいメッセージは15秒以内、そして曲と曲との間のトークは3分以内。

そうでないと、リスナーは飽きて他局に変えてしまうのです。

お笑い番組でも漫才やコントは1組だいたい3分以内で構成されています。

これも理由は同じで、同じ芸人のネタが3分以上続くと飽きられてチャンネルを変えられてしまうからです。

私は今、企業研修の講師として登壇していますが、ここでも解説やエピソードトークは1ネタ3分以内を目安にコンパクトにまとめるようにしています。

長くしゃべりすぎた日は研修の満足度も下がります。ちょっとコンパクトにまとめすぎたかな？と思う日の方が、「非常に分かりやすくて、心に残りました」というコメントが多くなるのです。

話すのがうまい人ほど、自己満足で長々と話してしまいがちですが、満足しているのは自分だけで、聞いている相手には何も残っていません。

1時間や2時間の講演も、1エピソード3分以内を守ってテンポよく話すと、聞いている方が飽きません。

「あっという間に時間が過ぎました」

「もっと聞いていたかった」

こんな感想が出てくることでしょう。

ちなみに、パワーポイントなどのスライドを使って話をする時も、1枚のスライドは、30秒～1分ですますようにしています。

テンポよくスライドをめくりながら話すことで、リズムに乗って話せ、相手も眠くなりません。

私は、企業研修などは1日6〜8時間行うことが多いですが、それでも、参加者は「今日は1日時間が経つのが早かった」と感想を漏らすぐらいです。

タイムコントロールは、相手の集中力を保つためには一番大事な要素です。15秒、そして3分と、プレゼンするときには、一度ストップウォッチで時間を計ってみて、その時間を体感してみてください。

話は長さではありません。どんなに話が短くても、内容がきちんと伝わって、目的である「相手を動かす」ことができればいいのです。

だらだらと話して、

「結局、何を言いたいのかわからない」

「この意見に、賛成すればいいの？　それとも感想を言えばいいの？」

「この人から、商品を買うのは不安だな」

と思われないようにしたいものです。

専門技術や知識も伝わらなければ意味がない

技術職や研究職の人は、コミュニケーションよりも専門的な知識や技術の方が大事と思っている方が多いものです。

しかし、人に伝えられない知識や技術は宝の持ち腐れです。

例えば、ノーベル賞を取るような研究者はコミュニケーションも達者です。

なぜなら、素晴らしい研究をして、その成果を出すためには、多くの人を動かさなければいけないからです。

誰が、その研究費を出すのでしょうか？　誰がその研究をサポートするのでしょうか？　誰がその研究の成果を認めるのでしょうか？

全て、相手がいて初めて、その研究は続けることができ、評価もされます。

研究の可能性や成果をプレゼンでしっかり関係者に伝えて認めてもらわなければ、

研究は続けられません。

それは会社でも同じことです。技術職や研究職だったとしても、全く一人で完結する仕事はありません。

上司に説明したり、会社に説明したり、関係者やスポンサーに理解してもらう必要もあるでしょう。

その際に、自身の持っている知識や技術を分かりやすく伝えられる人が、結果的に評価もされるのです。

「これは一人の人間にとっては小さな一歩だが、人類にとっては偉大な飛躍である」

アポロ11号で初の月面着陸をしたアームストロング船長の有名な言葉です。この名ゼリフも15秒以内。

偉大な船長の功績は、この言葉によってその成果が語り継がれているのです。

「説得」ではなく「納得」を引き出すには

相手を動かしたいときに、ついしてしまうのが「説得」です。

説得すると聞くと、どういうイメージを持つでしょうか?

こちらの要求を受け入れない相手を無理やりに説き伏せる、相手が「負けました」というまで、とことんこちらの要求を突き付ける……。

説得して相手にこちらの要求を受け入れさせることはできるかもしれませんが、感情的には反発したままになります。

もっと言うと、「くそっ! 今回は言い負かされた!」と、敵対心を燃やすことにも繋がりかねません。

そうなったら、毎回が戦い、相手は敵になってしまいます。

理想は、こちらの言い分を、相手が「納得」して受け入れている状態です。

納得してというのは、「確かに、そちらの言い分の方が良い内容だな。こちらにも得があるぞ!」と思ってもらうことです。

この瞬間、相手は敵ではなく、味方になっています。

良い提案をしてくれた頼れる相手として、みてもらえるのです。


警察には交渉人と呼ばれる人がいます。

容疑者からすると警察は敵です。敵とはまともに話をしたくありません。

交渉人の立ち位置は敵ではなく、容疑者の味方になって話すことです。

容疑者と心を通わせ、相手の要求を聞きながら、相手のメリットをしっかり考えてこちら側の要求を受け入れてもらうのです。

優秀な交渉人は、強硬手段に出ることなく、容疑者を投降させます。

その際に、容疑者は、自らの意志で動くのです。

これは、まさに、その方が自分にとってメリットがあり、相手が言っていることに対して納得した状態なのです。

新しい視点で、相手の基準を変える！

では、納得のポイントは何か？

それは、**今までの相手の考えに、新たな視点が加わり、相手の考えている基準が変わる**ということです。

例えば、マイホーム購入を考えてみましょう。

予算が３５００万円のところ、目の前の気に入った物件は３９００万円します。

４００万円のオーバーは、かなり大きな出費で購入を諦めかけていました。

そこで、担当の営業マンがこう提案しました。

「４００万円のオーバーは確かに大きいかもしれませんが、もし、将来、生活が変わって売却する時のことを考えてください。こちらの物件の方は値下がり率が小さく、周辺の土地は今上昇していますから、ローンを完済しても次の物件の頭金が出るくらいです。安い物件を買って売却時に値下がりが大きいことを考えると、資産としてはこちらの方が結果的にお得です」

①400万円を予算オーバーでもったいないと思うのか、②将来売却した時の損得も見越してトータルで資産価値があるものを選ぶのか?

後者は、購入する時の判断にはなかった基準です。

「そっか、資産として考えると将来的に損はしたくないなぁ。400万円オーバーでローンの支払いは増えるけど、月1万円ぐらいなら、なんとか切りつめられそうだ」

と、相手自身が納得の上、考え方が変わるのです。

図1-4　予算400万円オーバーの物件購入のケース

絶対に外せない条件

優先順位 高→低

	3,500万円の物件	3,900万円の物件
予算	◎	×
環境	○	◎
通勤	○	◎
利便性	○	◎

相手にない新たな価値を提示

優先順位 高→低

	3,500万円の物件	3,900万円の物件
資産価値	△	◎
環境	○	◎
通勤	○	◎
利便性	○	◎
予算	◎	△

優先順位が下がる

月々1万円増なら…

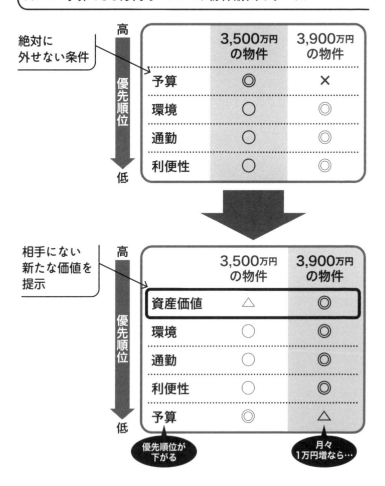

第2章

相手の「納得」を引き出すには、相手のキャラを見きわめる

10分黙って話を聞くとお宝が手に入る

前章で人を動かすためには、説得ではなく、相手が自ら動く「納得」を引き出すことが大事だとお伝えしました。しかし、それには相手の情報を収集する必要があります。

説得は一方的にこちらから話しているイメージがありますが、納得は相手の考えを理解した上で、こちらから提案しなければならないため、まずは聞き役に徹することが大事です。

相手が心地良くなる会話は、相手が6割以上話している状態だと言われます。20分会話したとしたら、、相手は12分、自分は8分です。1時間では、相手が36分、自分が24分。

これだけの差で相手が信頼を寄せ、心地よく話せるのです。

しかし、どうでしょう?自分が主導権を握らないと相手を説得することはできない！　とばかりに、気づけば、自分が７割も８割も話してしまっているなんてことはないでしょうか？

まずは、**相手の情報を収集するために、意識的に10分間は聞き役に徹しましょう。**

そのときに重要なのが「あなたの話を真剣に聞いていますよ」という態度です。うなずきや、「それで？」といった話をうながすあいづちなどを入れて、相手に気持ち良くしゃべってもらいましょう。

10分間を文字数にすると３０００文字程度になります。

３０００文字の原稿を書くのって、４００字詰め原稿用紙が７枚半。なかなかの情報量ですよね？　これで相手の情報を収集して、その情報をもとに、相手が納得する提案をすれば良いのです。

また、営業やコンサルティングの場面でも、悩み相談でも恋愛相談でも共通する話の聞き方があります。

①相手の課題……営業行為も悩みの解決行為も全ては、何らかの課題からスタートしています。課題があるから解決したい。その課題を解決する為に商品を購入し

たり、サービスを受けたりします。

②相手の欲求……人がお金を払いたいと思うのは、自分の欲求を満たしてくれる時や、願望を満たしてくれる時です。相手の課題を知り、課題を解決した後の欲求や願望を抑えることができれば、相手の心を鷲掴みにできます。

また、話を聞くときによく間違いがちなのは、自分が相手より優位な立場に立つためにマウントポジションを取ろうとすることです。

「そんな恋愛観をもっているから相手に騙されるのよ！　私の話を聞いていれば大丈夫！」

恋愛相談でこんな風にいわれたらどうでしょう?

既に相手を信頼していて相手の言うことは何でも受け入れる状態なら、カリスマ恋愛マスターのように振る舞っても良いでしょう。

しかし、よっぽど深い関係性ができていない限り、これでは相手の反発を招きます。

まずは、相手の話に共感し、同調することが大事です。

気持ちを共有（課題抽出）↓課題解決↓欲求や願望の実現、この流れを踏むためにも、最初の情報収集が最も大切になってくるのです。

タイプ別コミュニケーションでさらに人が動いてくれる！

一言で相手の共感を得ると言っても、そんなに簡単なことではありません。

同じ言葉を掛けたとしても、その言葉に響く人と、響かない人がいます。Aさんとはすごく相性が良いけど、Bさんのようなタイプは苦手という経験は誰にでもあるでしょう。

人にはいろいろなタイプがあります。そのタイプによって、得意不得意、好き嫌いが分かれます。

苦手な相手との付き合いは大きなストレスに感じますよね？

これは、なぜストレスと感じるのか？

相手が理解できないため、自分が言ったことが通じていない、相手の言っていることが理解できない、話がすれ違う。なんでそんなことを言うのか、わけが分からない！　もう信じられない！　なんとかして！　と、どんどんエスカレートします。

しかし、自分と相手が違うことはどうしようもないことです。

考え方やタイプが違って当たり前と思うことも大事です。

今や多様性が重要視される世の中です。自分の価値観や考え方だけでは生きられません。

では、どうすればよいのか？

理解できないからストレスになるのであって、自分と違うタイプの相手でも、理解ができればストレスは軽減されます。

自分が全く理解できないゲームをやっていたらストレスですよね？

うまく行かない。どうやったらクリアできるのか分からない。もうこんなゲームつまらない！　となります。

しかし、攻略本を読んで、ゲーム好きの友達にコツを教えてもらい、技が使えるようになれば、これまでどうやってもクリアできなかったゲームがクリアできるようになります。

そうなった途端に、面白くなかったストレスだらけのゲームが、とても楽しい面白いゲームに変わります。人の理解も、タイプが違うと対応も違います。

次からは、そのタイプ別のコミュニケーション方法を見ていきましょう。

【ガツガツタイプ】は自分で決めさせる

例

✕「お客様の求めていることを考えると私のおススメはこちらです」

○「情報は全てお伝えしましたので、後はお客様にお任せします」

➡誘導はしても、最後は相手に決めさせないと納得しない

- 自分が主導権を握りたい

- 影響力を発揮したい
- 積極的に攻め、競争心を持ちやすい
- 上昇志向が強い
- 自ら切り開く力がある

営業でバリバリ成績を挙げるタイプや、人の上に立つ人に多いタイプです。
このタイプは、周りにコントロールされたり、指示をされたりするのが嫌いです。
また、自由を好み権限を与えられたらやる気になりますが、権限を奪われると意気消沈します。

このタイプは、相手を尊重し権限を与えて、自らの意志でものごとを決定していると思ってもらうことです。

本当は、こちらが誘導していたとしても、それを感じさせずに、情報と選択肢を与えて、選んでもらうのが良い方法です。

車の販売に例えると、

「Aの車は、デザインも洗練されていてアピール力が強く、力強い走りをする上に、自由に車を操れる感覚があり、ドライバーの優越感を満たしてくれる車です。Bの車は、安定した走りと、居住空間の心地よさが同乗者の満足を引き出し、環境にも優しいエコな車です。お客様でしたら、どちらがお好みですか?」

「Aが良さそうですね」

一見、ガツガツ系のお客様にAを選んでもらっているようですが、実は、既に誘導しています。

車の紹介の仕方が「自由」や「操作性が高い」「優越感」などが入っていて、ガツガツ系にはAが響くように語っています。

間違っても「お客様のタイプだったらAがお勧めです!」と断定してはいけません。相手に決めつけられてしまうと、本人もそうだと思っていても、押しつけられた気がして「この営業からは買いたくないなぁ」と拒絶される可能性があるので気を付けましょう。

【やわらかタイプ】はエスコートしてあげる

例

×「情報は全てお伝えしましたので、後はお客様にお任せします」

○「お客様の求めていることを考えると私のおススメはこちらです」

⬇ガツガツ系と全く逆でこちらがエスコートしないと決められない

- 誰かの役に立って貢献したい
- 協調性を重んじる
- 競争は好まず安定や平和を求める
- 自分よりも皆を優先する
- 受容力が強い

販売や接客業、バックオフィス系の仕事をしている方に多いタイプです。

誰かの役に立ちたい、誰かに貢献したいという気持ちが強く、競争よりも調和を重んじる、周りから見れば穏やかで良い人のタイプです。

日本人に多いタイプでもあります。

このタイプは、とにかく競争心を煽っても、数字目標を追いかけろとハッパをかけても動きたいとは思わないタイプです。

それよりも**貢献欲求が強いため、誰かのためになることや、誰かに貢献して「ありがとう」と言われる方が動きたくなります。**

先ほどのガツガツタイプと正反対と思っていただければ良いでしょう。

車販売で例えると、先ほどと全く逆です。

選択肢を与えて、「どちらがお望みですか?」とやると悩みます。また、悩めば悩むほど、結果、「もう少し考えてから決めます」といって、成約に至りません。

このタイプは、しっかりこちらから導いてあげて、親身になって寄り添って信頼感を得たら、「お客様でしたら、こちらがいいですよ！」と強めに背中を押してあげた方が良いです。

先ほどと同じ、2つの車のタイプで言っても、安定、調和、貢献を重んじるお客様はBのタイプの車を選ぶことが多いでしょう。

【ロジカルタイプ】は情報を与える

例

✕「お客様にはこちらの感じが合っていると思いますよ」

○「40代男性購入者の80％以上がこちらの商品を選んでいます」

⬇根拠の無い感覚より事実としての情報を信じる

- 感覚よりも事実、データを重んじる

- 知的好奇心が強い
- 100%納得しないと前に進めない
- 専門性を発揮して仕事をしたい
- 学習欲求が高い

相手をほぐすためにアイスブレイクで冗談を言っても、ロジカルタイプはあまり笑ってくれません。

相手の頭の中は、「その冗談は今、この場面でどういう意味があるのか？ 本題と何が関係あるのか？」と憮然としているはずです。

また、感覚で話をしたり、感情的に話をしても伝わりにくく、「あなたの不正確な感覚よりデータで示してくれ」となります。

ロジカルタイプに伝える時は、事実とデータなどを重視して伝えると効果的です。

「このタイプの車は赤色が映えるんですよね！ 素敵です」よりも、「購入者の75%が赤を選んでいます。将来的に中古で売却する際は人気の色なので売りやすいです。

逆にこちらの青は購入者の7％しか選んでおらず、個性を発揮したいのであれば選択肢としてありですね」といった、具体的な情報が効くのです。

また、知的好奇心や学習欲求が高いため、普通のお客様なら説明しないような専門的な話をすると喜ばれます。

もし、お客様がその専門的な話に食い付き、お客様の持っている知識を話し始めたらチャンスです。

「さすが良くご存知ですね！　お車詳しいんですね」と聞く姿勢を続けると、お客様は気分が良くなり、あなたのことを信頼するようになります。

ロジカルタイプは自身の知的好奇心が満たされたり、学習欲求が満たされるとモチベーションが上がります。

専門的な好奇心を煽るような情報をしっかり提供してあげると、購入の意欲も高まり成約に至ります。

【オモシロタイプ】は好奇心を刺激する

例

✕「こちらは人気の定番商品となっておりまして一番売れています」

○「こちらは希少性が高いプレミアムモデルなんですよ！ 持っている人は、あまりいないですね」

➡「個性的」なものが好きなので、限定や希少価値を訴える

- データよりも感覚、感性を信じる
- 創造的なことが好き
- とにかく面白いことをやってみたい
- 自分の個性や感性を生かして仕事がしたい
- 他の人と違うことが喜び

当たり前のものが嫌いなタイプです。

他の人が身に付けていないような個性あるものを身に付けていたり、自身の感性や個性を重視して仕事をしているタイプです。クリエイターや芸術家に多く、気分屋なところもあります。そして皆が乗っているような大衆車や、汎用品などを嫌います。

また、仕事をする時にも、決まりきったことを決まりきったやり方で指示通りにやるということは、苦痛と屈辱でしかないと思うタイプです。

オモシロタイプに仕事をお願いする時は、「この商品が売れるように、君のやり方で良いから工夫をしてプレゼン資料を作ってみて！」と、本人の創意工夫が入れられるように頼むとやる気がわきます。

車販売の例で言うと、大衆車や誰でも持っている色には興味ありません。

「お客様は他のお客様とは違う素晴らしい感性をされているので、あまり誰も乗っていないビビットなカラーで、オプションでパーツを付けると、街でも個性が際立ちますよ」と、その人だからこその個性を際立てる方法を提案してあげると喜びます。

「こちらの車はカスタマイズ要素が高くて、ご自身でいじったり、カスタムパーツも豊富なので、どんどん創造力が膨らみますよ」と、クリエイティブな好奇心を掻き立てる提案をするとモチベーションが上がります。

お客様の感性を刺激し、お客様だけのたった一つの車が創り上げられるというアプローチをすると、喜んで購入してくれるでしょう。

【バランスタイプ】は本音を引き出す

例

×「お客様が求めていらっしゃる一番大事な条件ってなんですか？」

○「この商品を購入される上で、懸念されていることってなんですか？」

↓何かが突出して良いよりも、バランスよく良いことを求める

●周囲とのバランスを意識する
●全てのタイプに対して合わせることができる
●何かに突出するよりも平均的なものを求める
●周囲との関係性を意識してうまくコントロールしたい
●リスクを減らし調整役に回りたい

このタイプの方はこれまでとり上げた全ての要素をバランスよく持っているバランサーです。

バランサーだけに、特徴が見えにくく、本人もバランスを取り調整役に回ろうとするので本音も見えづらいところが難点です。

周囲とも上手く関係性を築くため、大手の会社の役員や社長などの重役に付いたり、皆を上手くまとめるリーダーに適しています。

冒頭の例のように、「一番大事にしている条件は?」と聞かれても、全体のバランスを重視しているため、なかなか答えられません。

このタイプからは本音を引き出すため、「懸念されていることってなんですか？」のように、購入を躊躇《ためら》うとしたら何が問題になっているのか？ どんなことが引っかかっているのかを聞いた方が良いでしょう。

もちろん、商品にもバランスを求めます。

「こちらの車は、ハイブリッド型で燃費がいい上に、走りも犠牲にしないバランスが非常に良い車種です」と、どこかが突出しているわけではないけれど、全方位にバランスが取れているものを求めます。

オリジナルの奇抜な商品よりも、多くの人から支持されてデザインも機能も洗練されている平均的な商品を求めます。

相手と話す時も、相手にしっかり合わせようとしたり、周囲にまで目を配ることができ、空気を読むのもうまいため、商談の場面ではうまくまとめるタイプです。

相手がお客様となる場合は、相手のペースに巻き込まれてうまくかわされるのを避けるために、できるだけ本音トークに持っていき、相手の本当に求めているものを探るようにしましょう。

このように、相手がどのタイプかを知れば、相手に合わせて話すことができます。また、相手を理解することで「あの人はよくわからん！」ということが無くなり、関係性も良くなります。

お客様との関係、上司や部下、同僚との関係、取引先や関係者、友達や恋人、家族と、相手のことをより理解する為に、どんな人との関係性でも有効です。

相手のタイプを意識して会話をする！

人の性格にはいろいろなタイプがあり、人によって考え方や感じ方は違うのだということを理解することが、多様性を受け入れることに繋がり、いがみ合いも少なくなります。

身近な人から、「この人は何タイプかな？」と意識して接してみます。すると初めての相手でも10分くらい話をしていると、何タイプかが分かるようになり、その後のコミュニケーションもスムーズに行きます。

これまでの経験を振り返っていかがでしょう？

何を言っても理解してくれない、意見が通らない相手は、タイプが合わない人ではなかったですか？

こちらを使いこなして相手のタイプに合わせて話をしてみてください。

今まで通らなかった意見が、ウソみたいに通るようになります。

図2-1 タイプを知れば、相手を動かすことができる！

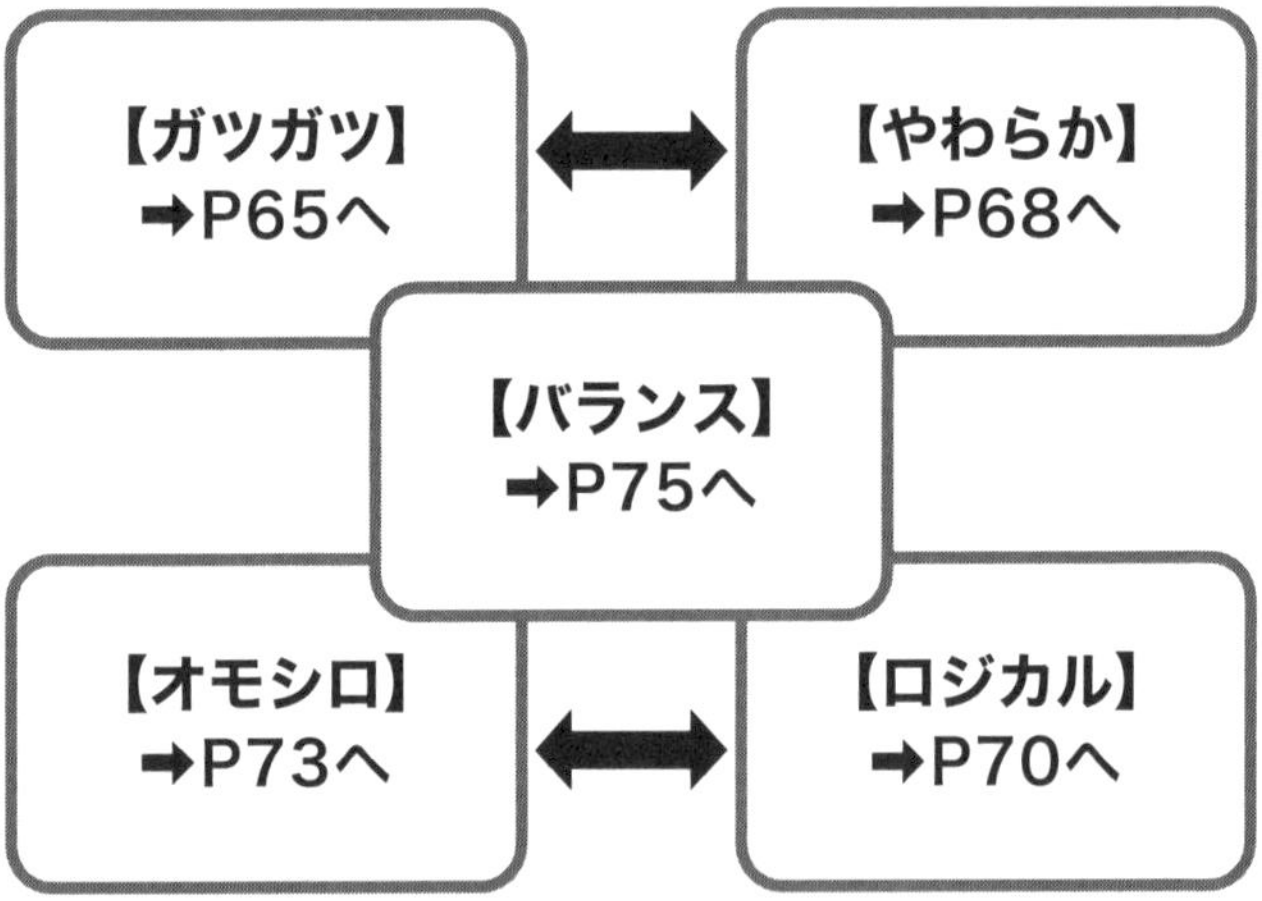

第3章

相手が自分から動くポイントは「共感」と「意義」

相手からＹＥＳを引き出す見せ方の違い

例

×「もう予算が３００万円しか残ってないので無駄な広告費は使えない」

○「あまった３００万円の予算を有効活用して広告効果を最大化しよう」

⬇制約やできないことではなく、可能性に目を向ける

これはコップに水がどれぐらい入っているか？ という問いと同じ原理です。

もう半分しか残っていないと答えるのか？ まだ半分も残っていると答えるのか？ では、もっと水が少ない＝厳しい条件だった場合はどうなのか？

例えば、国税庁「民間給与実態統計調査」の2016年統計によると、サラリーマンの年間給与所得が1000万円を超える人は4・28%と数字が出ています。

この数字を見た時に、「いやー、たった4%じゃぁ、無理でしょう!」と思うのか、「4%以上もいるのか! それならば可能性があるかも!」と思うのかの違いです。

4%というと限りなく少ないイメージですが、実はこの確率は25人に1人の割合です。25人の中でトップになれるかどうかということです。

小学校のクラスなら、クラスのトップか2番目ぐらいの位置です。

学校の成績でクラス1番を取ったことがある人であれば、それほど非現実的ではない数字です。

また、教科の成績でトップを取ったことが無くても、かけっこでクラスで1位になったり、作文で選ばれたり、絵が上手でクラスから1人だけ選出されたり、何かの分野でクラスの中で1位になったことがある人は多いと思います。

そう考えれば、他の人ができないことをしっかりやって極めれば、上位4%に入ることはそれほど難しいことではありません。

4%に入ることが無理だと思った人は、年収1000万円を超える可能性は限りなく低いでしょう。

いけるかもと思った人は、無理だと思った人よりも1000万円を超える可能性は高くなります。

もし、本気で年収1000万円を目指しているのであれば、どのようにすれば年収1000万円に到達するのかを真剣に考えます。

もし、自分に足りない能力があれば身に付け、今の仕事では不可能だと思えば技術を身に付けたり、転職をしたり、副業をしたりと、目標に向かってやるべきことをやるはずです。

それと一緒で、例題の300万円の予算を例にとっても、300万円の予算を使って何ができるかに焦点を当てて、その実現のために方法を見せることができれば、相手も納得します。

できないことに焦点を当ててしまうと、誰もやらなくなります。

私が、新人の頃にラジオのオーディションを受けたことがあります。

その時の合格率は0・2%程度でした。

しかし、その数字を聞いて、先輩が言った言葉が「おう！ ラッキーだな。それだけ確率が低いと皆あきらめるぞ！ 本気になるならこれはチャンスだな」。


それを聞いて、本気で合格をめざし、結果、合格しましたが、私が他のオーディション参加者と比較して一番自信があったのは練習量でした。

できないことではなく、できることに焦点を当てて、誰にも負けない量の練習とそれによる自信が合格という結果を導き出したのです。

もちろん、ただがむしゃらに練習しただけではありません。

その放送局がどのような人材を求めているのかも研究しました。知り合いを通じて私がオーディションを受ける放送局の現役ＤＪと会う機会を作っていただき、どんなＤＪが求められているかリサーチしました。

オーディションでの評価は一瞬です。

そこで、何を語るか、どんなメッセージを出すのかも重要です。

無駄な言葉を排除して、端的にアーチストの良さや曲の良さを表現する力を磨き、曲のイントロの10秒から20秒程度の間に、曲紹介をする力を付けました。

そうやって、放送局の立場に立ち、今、求められる即戦力がどのようなＤＪ像なのかをしっかり研究し、練習をしたのです。

オーディションに受かる技術は、社会人になってからの面接でも大いに役立ちました。

30歳を過ぎて何度か転職活動をした私ですが、全て希望の企業に受かることができました。

これも、**自分がやりたいことを自己視点で伝えるのではなく、相手が求める人材像を理解した上で、自分ができることを「端的に」伝えた結果です。**端的にというのは、ここまで読んでいただいたみなさんには、もうわかりますね。そう、15秒で伝えることです。

未来や大きな目標を合わせて伝えてみる

例

×「営業の提案資料を作ってほしい」
△「営業部の業績拡大のために提案資料がほしい」
○「日本企業の生産性を上げるために、営業部のプロジェクトの提案資料を作ってほしい」

人が動く原動力に、未来の目標に対して大きな希望を抱き、魅力を感じているか？　というものがあります。

例えば、あなたに結婚をしたいという相手がいたとします。

結婚をしたいと思う原動力は、相手との素敵な未来を描き、そこに希望を抱くからですよね？

もし、結婚しても素敵な未来が描けないし希望も無い場合は、結婚しようとは思わないはずです。

その逆で、離婚をする時は、未来が描けない、もしくは描きたくないと思った時です。


仕事でも同じです。

その仕事に対して、未来の目標に対して希望を抱き、魅力を感じているか？

それとも、何も魅力なく、ただ単にこなしているだけになっているか？

これにより、人の動きは変わります。

もちろん、会社ですから、先輩や上司から言われたことは嫌でもやるでしょうが、仕事の質は大きく変わります。


冒頭の例で解説すると、「営業の提案資料を作ってほしい」は普通に交わされる言葉だと思いますが、提案資料を作るという作業ベースでしか話をしていません。

それに対して「営業部の業務拡大のために提案資料がほしい」は一歩進んで、何のために資料を作るのかの目的が追加されています。

しかし、まだ魅力が足りません。

「働き方改革により日本企業の生産性を上げるために、営業部のプロジェクトの提案資料を作ってほしい」という言葉は、その資料を作る意味や意義まで話しています。

それだけ意義のある仕事であれば、仕事に懸ける意気込みも変わってきます。

人が動く原動力となるのは、この「意味」や「意義」の部分です。

ポイントは、こう問いかけることです。

なぜ、その仕事が必要か？

なぜ、これをやるべきなのか？

なぜ、この商品サービスを提供しているのか？

なぜ、あなたに動いてほしいのか？

何をしてほしいではなく、なぜしてほしいのか？

その「なぜ？」の問いかけで、その行動に意味や意義が生まれます。

図3-1 意義まで伝えることで人は動く

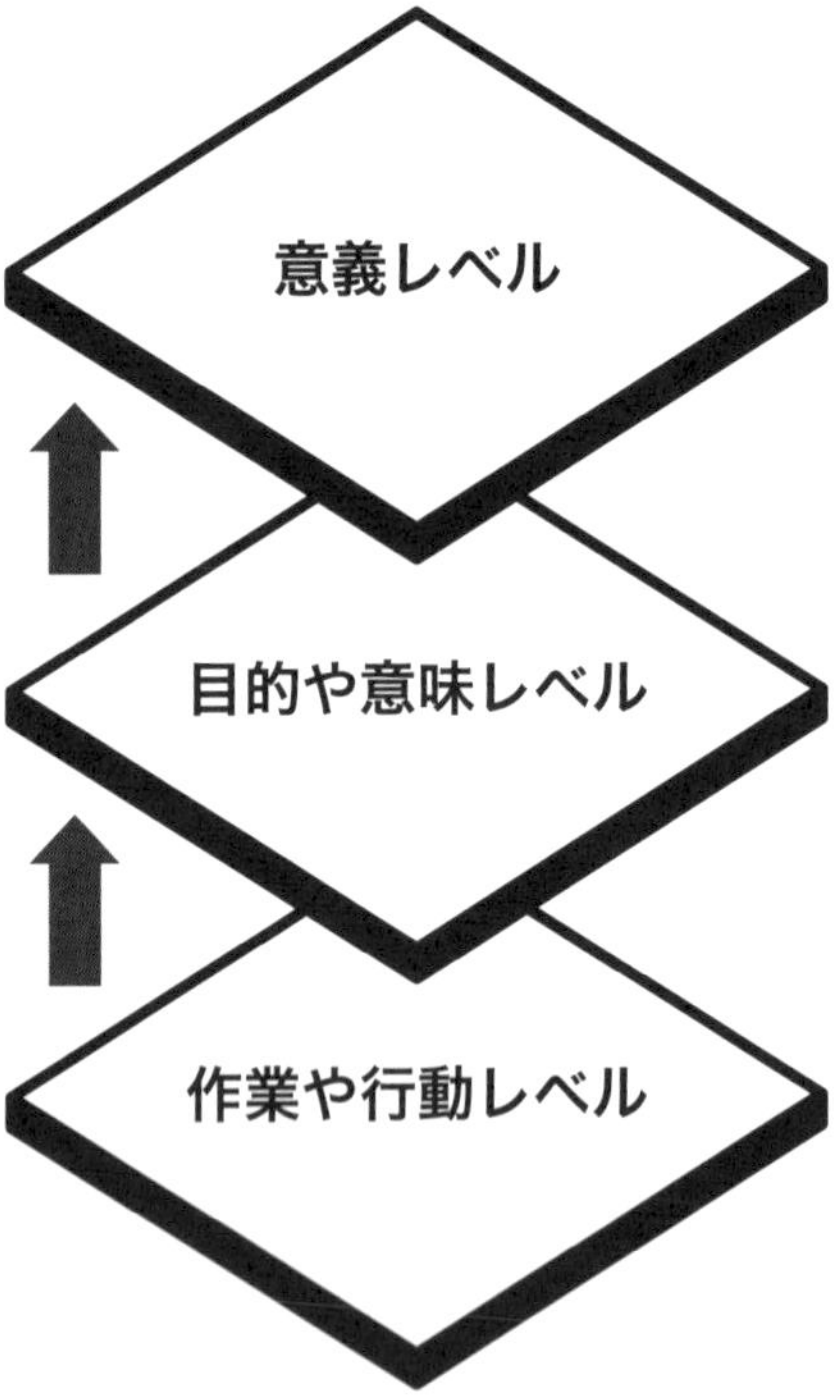

iPhoneの広告戦略の意味

「豊かでスタイリッシュな生活を実現したいから、最新のテクノロジーを使っているiPhoneを手にする」

なぜが明確になると、その商品を選ぶ動機にもなるのです。

「電話とインターネットがしたいからスマホが欲しい」だと、選ばれる理由になりません。

だから、iPhoneの広告戦略は、何を売るよりも、なぜiPhoneを持つのか？ を問いかけるCMになっています。

未来をその手に。

このキャッチコピーも、なぜiPhoneを買うのかの理由を訴えているのです。

iPhoneを買う人は、インターネットやカメラが使えるスマートフォンが欲しいのではなく、iPhoneというブランドやステイタス、豊かな生活を夢見て

図3-2「なぜ」を理解する

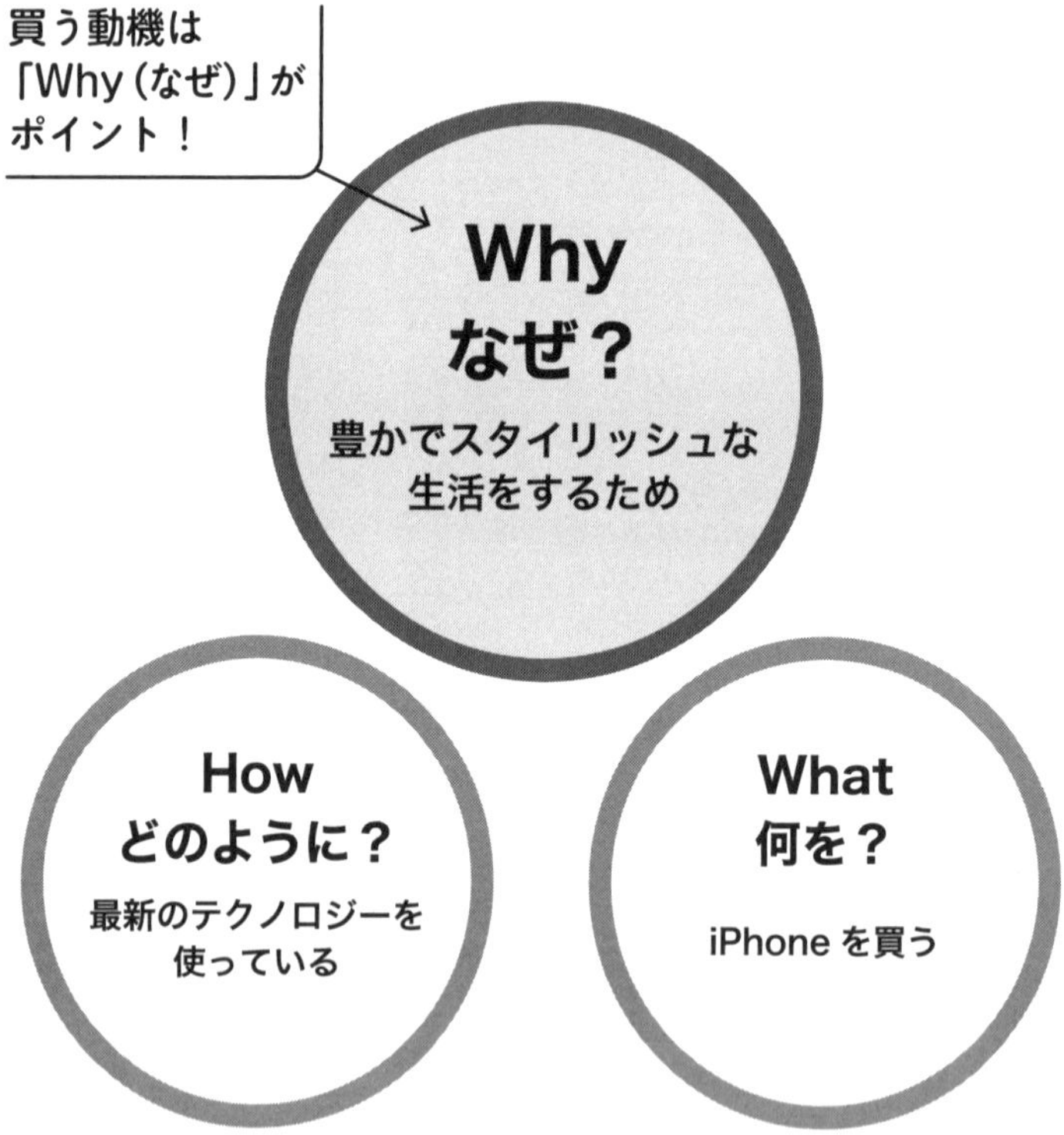
買う動機は
「Why（なぜ）」が
ポイント！
Why
なぜ？
豊かでスタイリッシュな
生活をするため
How
どのように？
最新のテクノロジーを
使っている
What
何を？
iPhoneを買う

買うのです。

何を（What）買うのが大事なのではなく、なぜ（Why）買うのかが大事なのです。

上司、リーダーになったら、タイプ別コミュニケーションで部下を動かす

第2章で取り上げたのは、性格タイプ別のコミュニケーションでしたが、ここからは心理タイプ別のコミュニケーションの取り方です。

使い方としては、**先輩や上司が部下を動かしたいときに、相手の心理状態を見きわめて使う**のがポイントです。

マネジメントの基本は、自分に合わせるのではなく、相手に合わせることですが、「私についてこい！」というマネジメントはもう古いと言わざるを得ません。

タイプが合う相手なら良いですが、部下とタイプが違った場合は「あの上司は自

分のことを分かってくれない」となります。

逆の立場になっても、自分と合わない上司についてしまったら不幸ですよね？

「今回は外れだ！　なんとか上司に嫌われないようにやり過ごそう……」

当たり外れで人を見たり、見られたりするのはお互いにとって不幸です。


今の新卒の新入社員は入社後3年も持たずに辞めてしまいます。

厚生労働省が発表している大卒者の入社3年での離職率は平均で3割です。従業員数が少ない会社（5人以上30人未満）では5割に達します。

ゆとり世代だとか、甘くなっているという言い方もされますが、実はバブル時代からこの数字は変わらず、この30年間3割前後でずっと推移しているのです。

従業員数が少ない会社ほど離職率が高いことから、環境要因が大きな割合を占めていることは分かります。


働き方改革や多様性の受け入れ、就業時間、安定性など大手ほど行き届いているのでしょう。

図3-3 新規大卒就職者の事業所規模別離職状況（3年目まで）

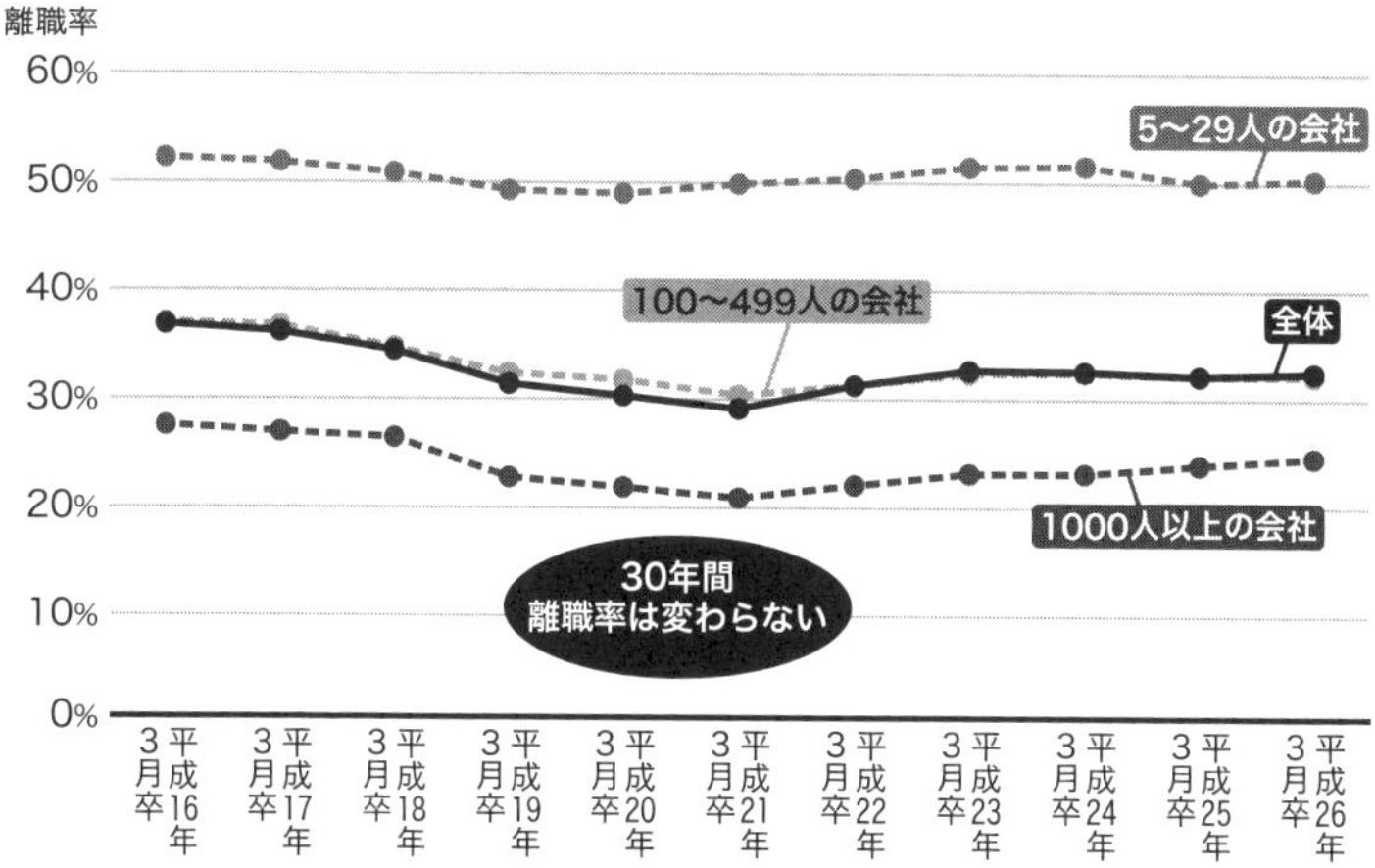

出典：新規学卒就職者の在職期間別離職率の推移（厚生労働省）

しかし、中小ベンチャーでも低い離職率で経営している会社も多くあります。

相手の心理タイプをしっかり見きわめてマネジメントができれば、部署が変わっても、部下が変わっても、極端な話し、会社や業界が変わっても、どこでも通用する部下のケアができるマネジャーになれるはずです。

特に心理タイプ別コミュニケーションを理解することで、相手の状態に合わせたアプローチが可能となり、ケアもできるようになるでしょう。

【現実逃避タイプ】現実から逃げている人は目の前のことを見せる

例

不満例「こんな単純で簡単な仕事をするために、この会社に入ったんじゃない！」

○「大きな仕事ができるようになるには、目の前の仕事も手を抜かず、信頼を得ることが重要だ」

⬇夢を実現させるためには、信頼を得る重要性を理解させる

まずは、現実から逃げているタイプ。

このタイプは、未来にある夢や希望は大きいのですが、その大きな夢に向かうあまり、今ここにある現実を直視しようとしないタイプです。

目の前のつらい仕事や役割から逃げて、自分の理想を追い求めるが故に、何を言っても自分の夢や希望と結びつかないことはやりたがりません。

また、世界が拡がり過ぎて、誇大妄想になっているため、今何をやっていいか現実が見えない場合もあります。

そんな相手には、今やるべきことは何か？ その今やるべきことがどのように自身の夢や希望と繋がるのかをしっかり見せます。

例えば、新人でやりたくもないルーチン仕事《ワーク》に飽きて、モチベーションが下がっている人がいたとします。

「僕は、こんな単純な作業をするために会社に入ったんじゃない！」

でも、大きな仕事をしたいと思ったら、まずは身近な周りの人間から信頼を得られないと良い仕事は任せてもらえません。

単純で簡単な仕事を、高いレベルでできない人が、なぜ大きな仕事を任せてもらえるのでしょうか？

人は信頼を積み重ねることで、周りからも頼りにされ、良い仕事ができるようになります。

広い視野を持たせ、今、目の前のやるべきことにまずは集中させるのです。

【自分優先タイプ】
世間を知らない人は仲間を意識させる

例

不満例「この会社（組織）では、自分がやりたいことができない」

○「この組織にいて、周りと協力できるから自分のやりたいことが実現する」

⬇組織の中で仕事をしている意味を理解させる

自身の意志が強いため、自分の利益が優先される結果、自分がやりたいことができなくなるとストレスになってしまう人です。

想いが強いのは素敵な事ですが、自分の世界しか見えず視野が狭くなっているものです。

こういうタイプは視野を広げてあげる必要があります。

仕事は一人ではできないことを理解させ、周囲や仲間の関係性で仕事が成り立っていることを理解させる必要があるでしょう。

例えば専門職の人ほど、自分一人で仕事をしていると勘違いしやすいものです。エンジニアやクリエイターは、自分の技術や能力で仕事をしているため、周囲が見えなくなることも多いです。

でも、その仕事は誰かが営業をして取ってきた仕事で、誰かを介して納品されたりしています。

研究開発をしている人も、その研究費用はどこから出ているのか？ その研究は何のために誰のためにやっているのか？ その環境を作ってくれているのは誰か？

そういった自分と周囲との関係性を理解すると、組織の中で仕事をしている意味が分かります。

私も若いころはその関係性が分からずに全て自分の力でやっていると勘違いしていました。その頃は大きな壁にぶつかり、営業成績も上げられませんでした。

図3-4 仲間を意識させると動くようになる

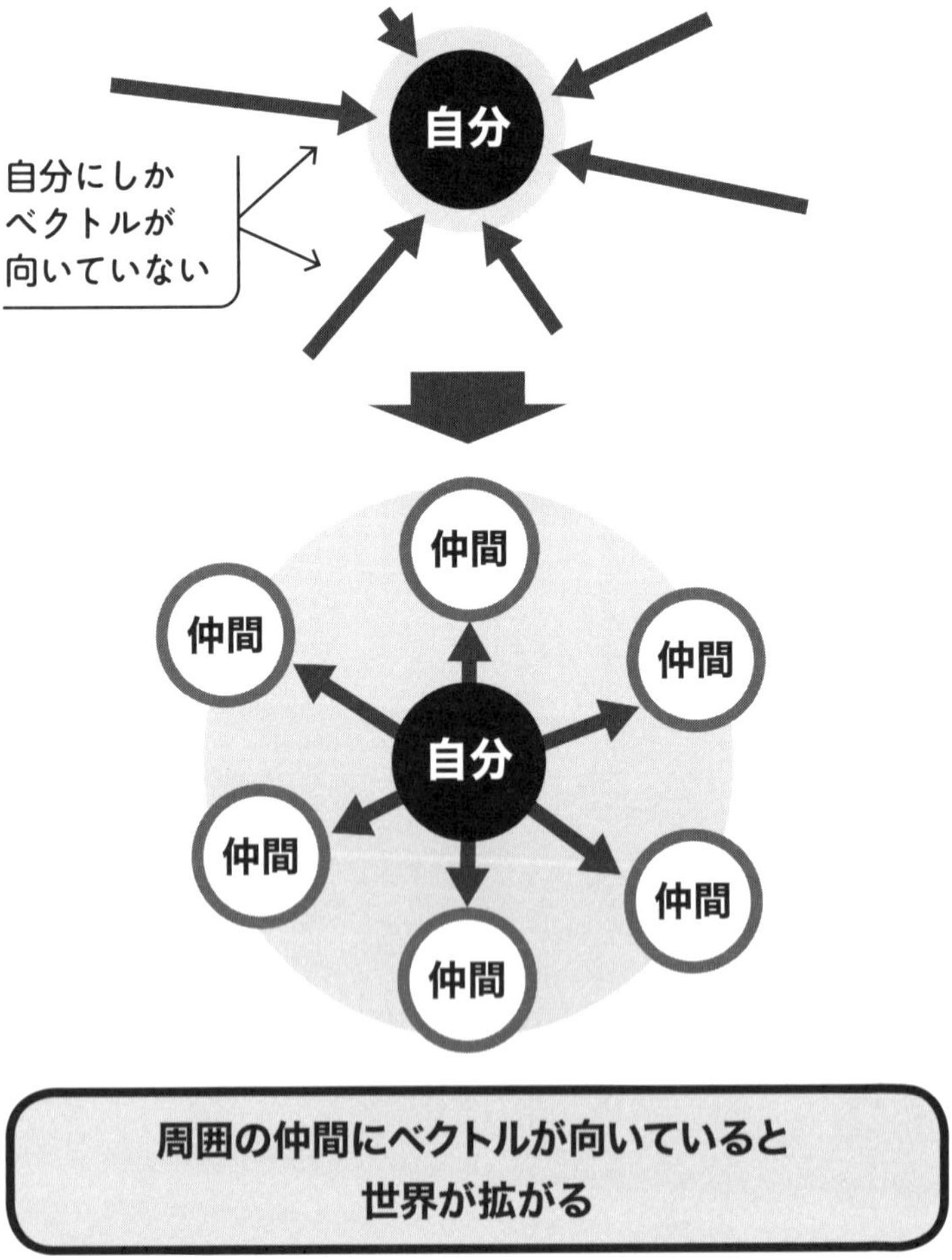

そうなると、自分の実力以上のパフォーマンスは出せません。

一流のスポーツ選手が、個人競技であっても「周囲の協力のおかげで勝てた。チームの勝利です」と語るように、自分の実力以上の成果を上げるためには、周囲の協力は不可欠です。

また、優秀なビジネスパーソンほど周りを巻き込む力が強いものです。

一人ではできないことを組織の力で実現するのが会社です。

その視野を持てるようになると、個人の能力も組織の成果も上がります。

【自虐自滅タイプ】自虐で自分に自信が持てない人は世界を拡げてあげる

例

不満例「自分はミスが多くて仕事に自信が持てない。営業成績も悪い」

○「お客様の発展のために、貢献できることを一緒に考えよう」

⬇自分だけでなく、周りと一緒に解決する必要性を知らせる

目の前の仕事に忙殺され、仕事でも失敗ばかりするために、完全に視野狭窄になり、自己肯定感が落ちている人です。

仕事をやっていても面白くなく、周りが全く見えない状態になります。

この場合は、相手を叱ったり責めたりしても全く効果が無く、逆に思考停止になったり、精神的に滅入ってしまい仕事を続けられない状態になったりする恐れもあります。

こういった場合は、まずは自信を取り戻す必要があります。

本人のできていないことを責めるのではなく、できていることを認めてあげます。今やっている仕事に対して、何のためにやっているのかが見えなくなっていることが多いので、将来の展望や、今の仕事が周囲に対してどのように良い影響を与えているのかを伝えることで、視野狭窄状態から救ってあげます。

失敗は誰にでもあること、自分だけの問題ではないこと、周りの協力で一緒に解決していく姿勢を示すことで、自虐状態から抜け出させるなど、自分一人の世界に閉じこもっている相手を、その殻から引き出してあげる必要があります。

職場で体調不良で欠勤が続く場合や、出社できない状態になる場合は、精神的に非常に滅入っている可能性があります。

何をやっても怒られ、周りから認めてもらえないなど孤立状態になってしまうと、逃げ場が無くなってしまいます。

非常に真面目なタイプの人も、周りからの期待に応えなくてはいけないのに応え

図3-5　自分一人の殻から出してあげると良い

られないという理由で潰れてしまう人もいます。

いずれの場合も、周りが見えない殻に閉じこもった状態ですので、ケアが必要です。

場合によっては無理をさせずに休ませたり、病院に通うことも必要ですが、まずは過度なプレッシャーを掛けることを絶対に避けなくてはいけません。

励ましや、「がんばれ!」と言うことが、逆に本人へのプレッシャーになることもありますので、**励ますのではなく、認めてあげることが必要**です。

【重圧恐怖タイプ】プレッシャーに弱い人は自分に集中させる

例

不満例「周りの期待に応えて良い結果を出さないと皆に迷惑が掛かる」

○「今、自分ができる最高のパフォーマンスを発揮しよう」

⬇周囲の雑音をシャットアウトして自分に集中すると力を発揮する

プレッシャーに弱いタイプは、周りに左右されがちです。

必要以上に責任を感じ、周囲の期待が自分の中で大きく拡がりすぎます。

また、今のこの瞬間は絶対に失敗できないというプレッシャーも感じます。

特にスポーツの試合やプレゼンの場など、今、ここで力を発揮しないといけない場では、長期視点に持っていくのは難しく、逆に余計な雑音を排除して、今の自分に集中させる方が得策です。

そもそも、周りの期待に応えなくてはいけないとか、失敗して恥をかいたらいやだという思いは、他者からの評価を恐れている場合です。

周囲からの雑音をシャットアウトして、自分自身に集中しないと、良いパフォーマンスは出せません。

スポーツ選手は、試合前に精神を集中させ、周囲の雑音を消し、自分自身に集中をして最高のパフォーマンスを出そうとします。

集中力が高まると、本当に観客の声や周りの雑音が聞こえなくなると言います。

また、自分の実力以上の結果を求めたり、その逆に、絶対に負けられない、失敗できない状況に追い込まれると、誰でもプレッシャーは掛かります。

プレッシャーに弱いタイプの場合は、とにかく自分の今のパフォーマンスに集中させることです。

今までやってきたことを信じて、「あなたなら大丈夫！」と背中を押してあげるのです。

周囲の期待に応えなくてはいけないという失敗を恐れるタイプは、今の自分の実力を認め、**逆に実力以上のものは出せない**ことを理解させることで楽になります。

明石家さんまさんが言った言葉で、非常に納得した言葉があります。

「俺は絶対に落ち込まないのよ。落ち込む人っていうのは自分のことを過大評価しすぎやねん。過大評価しているからうまく行かなくて落ち込むのよ。人間なんて、今日できたこと、やったことがすべてやねん」

こういう考え方を持っているからこそ、前向きでいつも明るく、トップに君臨できるのでしょう。

過大評価するのではなく、自分の実力を正しく知って、足りない部分があるなら努力をしろと言うことです。

失敗したら、それが今の実力だとしっかり受け止めることも必要です。

短期的に良いパフォーマンスを出すためには、まず、今の自分に集中させることです。

このように、相手の状態によって視野を拡げたり狭めたりと視点を変えて、相手に合わせたやり方が必要となります。

相手が精神的にどういう状態にあるのか？ うまくいっていない原因は何かを見きわめることで、相手の視点を適切に変えてあげるのがポイントです。

それによって、目の前のことに集中をするのか、視野を拡げて長期視点で考えるのかが変わります。

第4章

ビジネスで効く相手の心を動かすテクニック

大事なのは相手の言葉の意味を考えること

言っている言葉の表面上の意味と、本当の意味するところは違います。

例えば、「ばーか」という言葉一つとっても、その状況や使い方によってその意味は変わります。

「すいません! 東京方面に乗るつもりが気が付いたら福岡に向かっておりまして、大幅に遅刻します」

「ばーか」

「ごめん、俺、やっと今気が付いたよ。お前が俺にとってどれだけ大切な存在だったのか。大好きだよ」

「ばーか」

最初のばかは、本当にばかだと思っているでしょう。

次のばかは、「私もあなたのことが好きで仕方がなかったの」という愛情を込め、それに「今やっと気づいてくれたのね」という意味を込めてのばかです。

若手の指導でも、その言動をしっかり捉えて、深層を掴まないと本音を引き出すことはできません。

例えば、新人によくあることとして、報連相ができないということがあります。何か聞いても「特に問題はありません」、「報告は今のところありません」と、若手の言動を信じていたら、満足する結果にならなかった……という経験をお持ちの方も多いのではないでしょうか。

これも、「ちゃんと報連相はするように！」と言ったところで、本人は報連相をするようにはなりません。

なぜ、報連相ができないのか？　その深層を掴む必要があります。

新人によくある深層としては、自分のプライドを傷付けられたくないということがあります。報告をして間違っていると言われたくない。それはダメだと言われたくない。失敗をしたくないという気持ちです。

また、進捗の報告をすると、自分のやり方を否定されるのが嫌で、結果だけ報告すればよいという考えをするケースも多いです。

しかし、結果だけ報告して間違っていたら振り出しに戻ります。

それよりも、早い段階で進捗を報告すれば、間違った時の傷も大きくはなりません。

「新人のうちは間違いに気付くことも勉強のうちだ。失敗がイヤで自分の成長を止めてしまったら、本末転倒だよ。報連相をしっかりすることで、ほかから教えてもらう機会も増えるし、もし間違えていても、そこで気づけば二度手間にならずに済む。自分のためにもしっかり報連相をしてほしい」

失敗を許容して安心を与えるのも上司の役目です。新人や部下の、気持ちの深層を捉えた上で、報連相の重要性を伝えれば、本人も納得するでしょう。

図4-1 相手の本音を読む

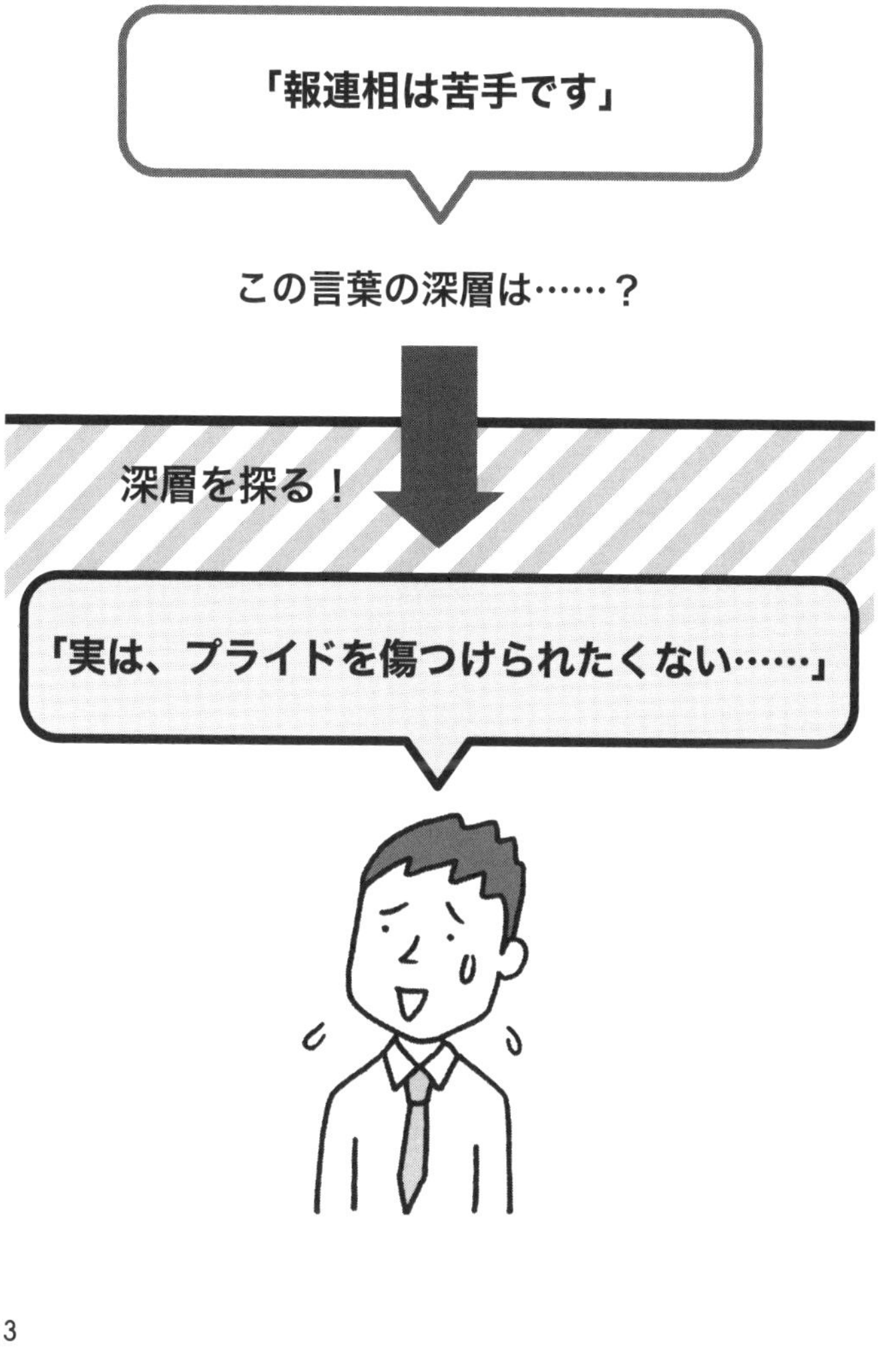

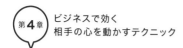

お客様の本音を引き出す伝え方

営業の現場でもお客様の言葉をしっかり読み取り、お客様の課題や、懸念していることをしっかり読み取った上で提案ができる人は、業績も上がります。

企業のコンサルティングをしていても、なかなか最初からお客様は本音を話してくれません。

「社長。成長の過程において組織として束ねる必要性があると思いますが、一体感醸成の施策などはとられていますか？」

「いやー、社内旅行とかも参加率が低いから社員は求めていないんじゃないかな？」

この答えを聞いて、コンサルティングの提案の機会は無いかなと思ったとしたら大間違いです。

「参加率が低いということ自体に何か問題がありそうですね？　本来であれば、社長はどのような状態が理想ですか？」

このように、その深層には別の意味が隠れていると狙いを定めて、本音を引き出す必要があります。

「もちろん、会社の皆が一致団結して力を発揮するというのが理想だけど、うちは特殊な業務が多くて、横の繋がりが弱く、社内もバラバラで帰属意識も低いんだよね」

社長の本音は、部署間の横の繋がりが弱いことや、会社への帰属意識が低いことに悩み、特殊な業務だからといいつつも、なんとかしたいと思っているのです。

そこを見抜いて、

「社長、業務特性上非常に難しい問題ですが、他社さんでも解決事例がありますので、社長として何が一番課題なのか、もう少し詳しくお聞かせください」

と提案できれば、

「ありがとう、実はね……」

という会話が続きます。

人は、この人は理解してくれる人だと思ったら、心を許し信頼をします。
相手の心をしっかり動かし信頼を得たいなら、深層をしっかり掴み取ることです。

「私と仕事とどっちが大事なの？」の正しい答えとは？

例

×「もちろん、お前が大事だよ」
×「お前も仕事も大事だよ」
○「そんなことを言わせてごめんね」
↓相手は答えが欲しいのではなく、気にかけてほしい

時代を超えた永遠の問い。

「私と仕事とどっちが大事なの？」

この問いに真正面から答えて良い結果を生むことはありません。

「もちろん、お前が大事だよ」と答えると、「だったら何でいつも仕事を優先させて私のことを放っておくの？　絶対うそよ！」となるでしょう。

「お前も仕事も大事だよ」なんて、調子の良い答えを言ったら最後です。

「どっちも大事なのは分かってるよ！　でも、あなたは仕事のことしか考えてないんでしょ？　頭の片隅に私のことが少しでも入っているの？　嘘ばっかり！」と火を噴きます。

では、逆をついて「仕事が大事に決まってるだろ」と言ったらどうなるか？

無言で去られるか、ひっぱたかれるか……。

相手が無口になって、やりすごせたと思った方は、相手の深層は少しも分かってないですね。

相手は、本当に仕事と私のどっちが大事なのかの答えが知りたいのでしょうか？

先ほどの項でも述べたように、**ポイントは、この言葉を発した相手の深層をしっかり掴むことです。**

この問いの深層を掴むと、自分のことを気にかけてほしい。もっとかまって欲しい。寂しいという感情が見えてきます。

だから、「そんなこと言わせてごめんね。仕事にばかり気が取られて、寂しい思いをさせてしまったね」と強く抱きしめてあげてください。

「ごめん。仕事が大変なのは分かってたけど、つい、寂しくて。でも、私のことを思ってくれているなら大丈夫」

ちゃんと気に掛けてくれている。自分を大事に思ってくれていると分かるだけで安心するものです。

ちなみに、これ、どちらが男性で、どちらが女性か、想像しましたか?

今の時代は、「仕事と私（俺）とどっちが大事なの?」と、男性が言うケースも増えてきていますよ!

失恋した相手を元気づけるのは愚の骨頂

失恋をした相手に「そんなクヨクヨしたってしょうがないよ！　元気だしなよ！」と相手を気分転換させようと励ますのは愚の骨頂です。

「私の辛さは、あなたには分からないのよ！　そっとしておいて！」なんて言われてしまいます。

これも相手の深層をしっかり掴むと対処方法が分かります。

失恋した相手は、今は心に傷を負っており、相手に対してもひどい憤りを感じています。だから、まずは共感して欲しいのです。

「そっか、ほんとつらいよね。あいつは、許せないよ……」と気持ちに寄りそいます。

「ありがとう……。ちょっと聞いてくれる？」と、共感してくれたあなたに心を許し、親友としての絆が強くなります。

また恋愛相談や失恋の相談から恋に発展することもよくありますが、それは、相手がちゃんと共感から入った証拠でしょう。

この人は私のことを良く分かってくれる理解者。

そう思うだけで、相手に信頼を寄せ、時には恋にも発展します。

これは何もプライベートだけの話ではありません。

仕事の現場や営業の現場でも、この共感から入るのは、相手の心を動かす際に有効です。

「売り上げは伸びているんだけど、人が増えるとそれに伴って組織はバラバラになっていくんですよ」

お客様からの悩み相談に対して、担当のコンサルや営業が「それは組織が成長の過程で必ず訪れるマネジメント不全の現象ですね」なんて偉そうに言っても、お客様はそれ以上悩みを相談しようとは思いません。

「そうですよね。今が大変な時期ですね。売り上げが好調だからこそ、その勢いは止めたくないですもんね？ 私も5年間で売り上げが2倍に伸びた組織を管理していたときに本当に苦労して悩みましたよ。ちなみに、一番バラバラに感じる要因ってどういうところですか？」

お客様の状況に共感し、自分の大変な経験も含めて相手に同調します。さらにお客様の悩みを聞こうとする姿勢を見せると、この後、お客様は何でも話そうという気持ちになります。

半年で消える歌手、ずっと愛される歌手の違い

私はラジオＤＪ時代に、たくさんの歌手やアーチストの方にインタビューをし、接してきました。

その中で痛感したのは、**爆発的なヒットを飛ばしたのに半年後に消えるアーチストと、10年以上常に活躍を続けるアーチストの決定的な違い**です。

それは「才能」ではありません。

あるヒットを飛ばした新人は、スタッフとの打ち合わせでも売れっ子オーラを発揮していました。相手が若いスタッフだと横柄な態度を取り、打ち合わせの席でもエラそうにふんぞり返り、まともにスタッフの説明も聞いていません。

「あいつら、売れて調子に乗っているな」

「なんか勘違いしているんじゃないの？」

こんな声がスタッフからも聞こえ、局内で一気に悪いうわさが広がります。

スタッフももちろん人間です。その結果、次の日からラジオＤＪやスタッフなどが、流す曲を決める際の選曲表からそのアーチストの曲は削られていきました。半年後には彼らの人気は陰り、いつのまにか名前を聞かなくなってしまいます。しかし、我々スタッフだけは、なぜ売れなくなったか知っているのです。

一方、10年以上売れ続けているアーチストは別格です。一般的には売れているアーチストはわがままだとか、横柄な態度だと思われがちですが、私が見てきたアーチストは違います。

長年活躍しているほとんどのアーチストは、会えば好きになり、ファンになってスタッフも応援したくなるのです。

長年ファンにも愛され続けているDREAMS COME TRUE（以下ドリカム）のLIVE後の楽屋でのできごとです。私を含めたラジオ局のスタッフはLIVE後に挨拶のためドリカムのお二人を待っていました。

LIVE終了後、楽屋に入って来るなり、すぐにお二人は来てくれた人たち、それぞれに挨拶を始めました。

普通なら2時間以上も全力で歌った後に、ひとりひとりへの挨拶は大変だし、正直疲れていると思います。

しかし、お二人は笑顔で我々に挨拶をし、当時新人DJだった私にも、自ら歩み寄ってステージ上と同じ満面の笑みで「今日はお忙しい中ありがとうございました」

と目を見て握手をしてくれたのです。

たった15秒。それだけで、もう、すべてのスタッフの目はハートで、心を鷲づかみにされていました。次の日からドリカムの曲がたくさん放送されたのは言うまでもありません。

松任谷由実さんも気遣いの天才です。初めてのインタビューで私が緊張して「松任谷さん、本日はよろしくお願いします」と言うと、「その呼び方やめてよ！ユーミンって呼んで。堅苦しくなっちゃうから」と笑顔で返してくれました。

その一言で緊張がほぐれ、そのインタビューは非常になごやかで楽しいインタビューになりました。緊張した私を見て気遣った、ユーミンならではの場創りに一気に惹きつけられてしまいました。

2年間ラジオ番組で共演させていただいた、毒舌暴走オヤジのイメージがある、歌手で俳優の泉谷しげるさんもスタッフ思いで素敵な方でした。

初対面で緊張している私が、泉谷さんに初めて挨拶したときのことです。

「はじめまして。本日よりお世話になります羽田です。よろしくお願いします」

私がガチガチなのを見て、笑顔を見せながら言いました。

「なんだよ！ 新しいレポーターって男かよ！ 期待したじゃねえかよ！」

たった一言でその場は笑いに包まれ、場が一気にほぐれました。

いつも気に掛けてくれ、私の出番ではない時間帯にも、私を呼んで出演させてくれたこともありました。オンエアー上では毒舌ですが、常識人だからこそ、ギリギリの線が分かり、テレビのコメンテーターとしても信頼されているのです。


このように、一流と呼ばれる人は、一言で、相手を気遣い、お客様だけでなく、スタッフや関係者、はたまた敵までもファンにしてしまう魅力があります。

だからこそ、周囲が彼らのために動き、長年活躍し周囲から支持されるカリスマであり続けるのです。逆に彼らは、様々な関係者や、周りのサポートのおかげでいい仕事ができているのだと深く理解しているのだと思います。

図4-2　周りに愛される人は仕事もうまくいく

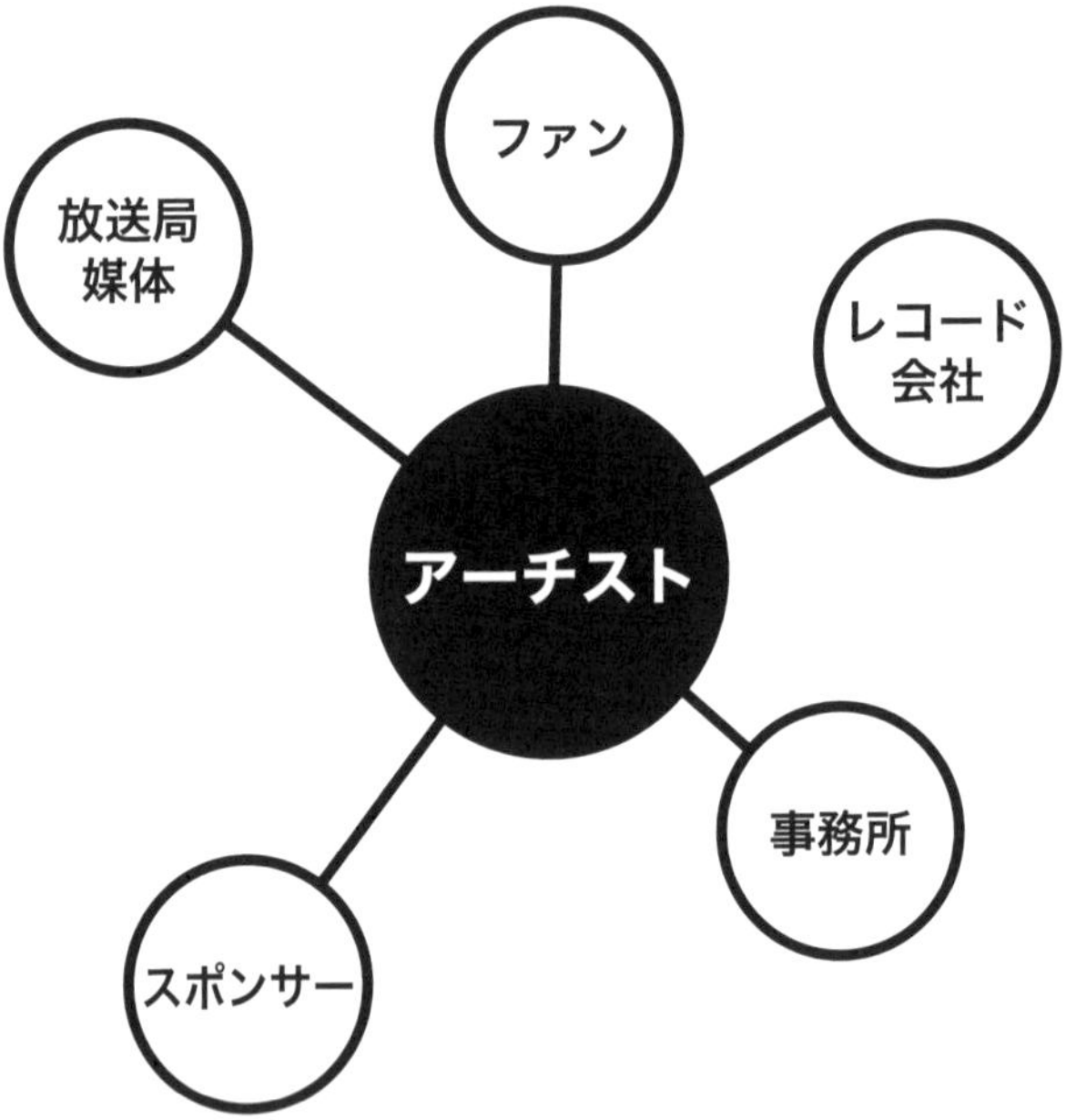

**アーチストもたくさんの関係者に支えられている
自分はどんな関係者に支えられているか
考えてみよう！**

不倫をしてたたかれる人と許される人

「信じていたのに不誠実で汚らわしい」

「同情できることもあるし、潔い」

同じ不倫でも、人々の反応は全く違います。

ワイドショーの話題でいつの時代も盛り上がるのは不倫問題です。

しかし、Aさんは散々たたかれるのに、Bさんは全くたたかれずやり過ごすことができます。

不倫をしてたたかれる人と許される人は何が違うのでしょうか？

この本では相手のキャラクターを見きわめることが大事とお伝えしようと思っていますが、そこに深く関わる話です。

タレントさんたちは、普通の人たちとは違い、他人から思われているキャラクターの共通認識があります。

まずは、大前提にあるその人のキャラクターが影響します。

例えば、そもそも普段から遊んでいそうで、不倫をしても違和感が無いような人が不倫をしたとします。元々負のイメージ＝やんちゃなイメージがあるので、負の行動をしても影響は少なくて済みます。

その上で、誠実な対応をしたらどうなるか？

負のイメージからスタートしているため、誠実な対応が吉と出て、「意外とちゃんとしているじゃない。正直でいいわね」となります。

その逆で、正のイメージがある人が不倫をしたときはかなり対応に気を付けないと危険です。

真面目で清純なイメージのタレントが不倫をしたら、もう最悪です。

「信じていたのに不誠実で汚らわしい」

イメージとのギャップが大きければ大きいほどたたかれます。

また、自己保身のために嘘をついたり、ごまかしたりすると火に油を注いでしまい、ますますたたかれます。人は、感情の生き物です。**その感情を逆なでしない振**

る舞いができているかどうかがポイントなのです。

しかし、正のイメージを持っている人でもたたかれない人がいます。

ハリウッドでも活躍した某俳優さんは、記者会見でそのイメージ通りの誠実で男らしい対応をしました。その結果、イメージを壊すことなく大きな批判も受けることなく対応することができました。

これは、報道する側のレポーターの心情までも配慮し、視聴者の心情も逆なですることなく、その人の良いイメージを全く裏切らない対応がそのような反応を生み出しました。

つまり、負のイメージがある人は、少しでも正のイメージを見せればそのイメージは変わり、正のイメージを持っている人は、その正のイメージをしっかり保つことができれば、相手の心情を逆なでしないということです。

これは、周りにどのように思われているかの例でしたが、人は同じ行為をされてもその人のキャラクターによって、反応が違ってきます。

社会人としても同じで、ミスをしたときやクレームを発生させたときの対応でも言えることです。

図4-3 イメージ＝キャラによって対応に気を付ける

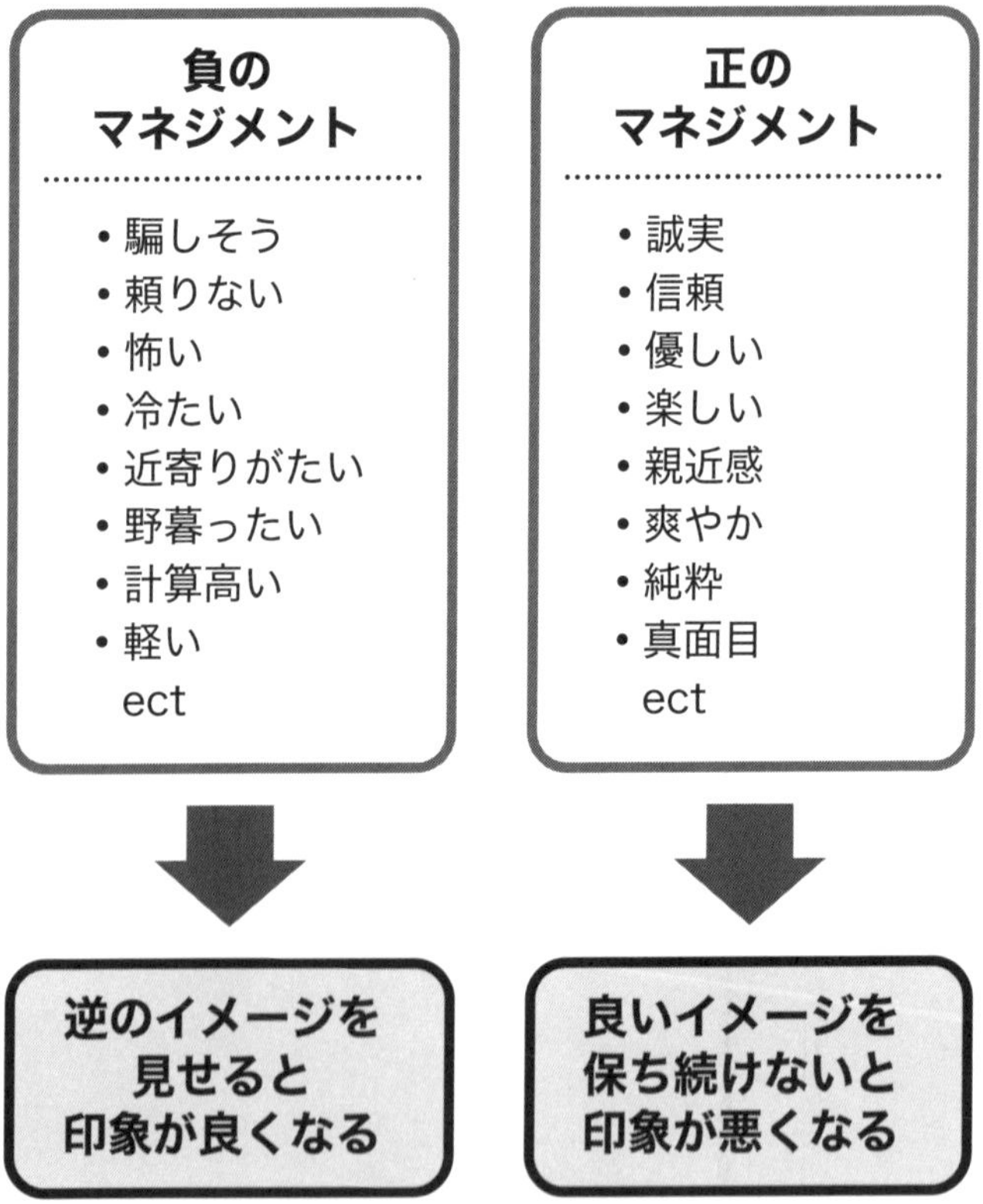

相手へのコメントは印象の逆を突くと心が開く

印象と逆のイメージを相手に伝えると、心が開く例

例

明るい印象の相手に

×「いつも元気で明るくて、悩みがなさそうでいいよね！」

○「実は、意外と一人で悩むこともあるんじゃない？」

人は、自分の本当の姿を見せているようで見せていません。だからこそ、そんな本当の姿を見透かされると、その相手に対して、私の本質を理解してくれる人と思いがちです。

相手の本当の姿を見透かすなんて占い師でもなければ無理でしょう！　そう思うかもしれませんが、実はそれほど難しい話ではありません。評判の占い師でもこの

テクニックを使っていることがあります。

人には必ず2面性があります。

その一つは、普段自分が周りに見せている姿。もう一つは、自分の内に秘めているもう一人の自分です。そこを突くのです。

例えば、普段は明るく活発で、悩みなんて全く無いように見える人がいます。でも、そんな人でも必ず寂しくなったり、暗く落ち込んだり悩んだりすることはあります。

「いつも明るくて悩みがないように見られるかもしれないけど、実は孤独を感じやすかったり、一人で悩むこととかあるんじゃない？」

「えっ？ なんで分かるんですか！」

簡単です。その人の印象の対極のイメージを言うのです。

普段無口で大人しい人も、趣味の世界になると興奮し饒舌になったり、社交的で誰にでも気さくに話す人が、実は相手の反応に敏感で人見知りだったり。相手に対して攻撃的で強いイメージのある人が、実は臆病な一面があったり。

逆に、明るく活発な人に、「お前はいつも明るくて悩みなさそうで気楽でいいよなぁー」なんて言っていたら、相手からは「この人は私のこと分かってないな」と思われるだけです。

芸能人でも、お笑い芸人の人は意外と元々は暗い性格だったり人見知りの人が多かったりします。

人には必ず2面性があり、その普段見せていない一面を見透かされると、核心を突かれたように感じるのです。

部下、後輩を動かすには、タイプ別に有効な褒め方のパターンがある!

アメリカの調査会社ギャラップの調査によると、人は働きを認められ、褒められると、生産性は向上し、勤労意欲、忠誠心は増し、帰属意識が高まり、会社への定着率が上がるということです。

またギャラップの別の調査では、従業員とのエンゲージメント調査において日本は熱意あふれる社員が6％しかおらず、アメリカの32％と比較して極端に少ない。また調査した139カ国中132位と極めて低い数字になっています。

これは、フィードバックに関して、アメリカはそもそも言語的に褒める言葉がたくさんあるのですが、日本は褒める言葉が言語的に少なく、褒めない文化であるというのが影響しているようです。

褒められることで、人は理解されていると感じ、相手に信頼を寄せ、仕事の生産性も上がるのです。

そこで、ここからは褒め方の手法を4つのパターンでお伝えします。

自分に自信がある人には【褒めて正す「やればできる子法」】

自分に自信がある人は、自己肯定感が高い人です。要するに、自分が社会の中で役に立っているという実感や、自分は優秀であるという自負をしっかり持っているということです。

自己肯定感が高い人は自己成長の可能性も高いのですが、たまに、その自信が過信になり、間違ったことをしても認めない場合や気づかない場合があります。

もしくは、人に認めて欲しいという承認欲求も強いため、できなかった側面を見られるより、**できている側面を見て欲しいという欲求があります。**

例えば、今月の売り上げの予算は達成しているけど、予算達成に満足して顧客開拓が疎かになっているとします。

しかし、その顧客開拓が疎かになっていることをいきなり指摘しても、本人から

すると

「今月予算達成しているのに、なんでそんなことを言われなきゃいけないの？　予算必達だって言ってたから、数字を取りに行ったのに、納得いかない！」

となります。

要するに、数字を達成したことに対する承認が無いため、本人は非常に不満に思うわけです。

そこで、「今月の数字達成に関しては本当に素晴らしいね！」とまずは承認します。そして「でも今月だけで終わらないように。提案力は抜群だから、中長期を見据えて、顧客開拓がしっかりできていれば、安定したトップ営業になれるぞ！」と伝えるのです。

指摘はしっかりしていますが、自信家の相手に対して、そのプライドを傷付けるどころか、そのプライドをくすぐってやる気にさせています。

自分の良い部分を生かすのであれば、疎かになっている顧客開拓も頑張らないといけないという気になります。
このタイプは、頭ごなしに指摘をすると逆効果になります。
やればできる子という視点で、まずはできるところを認め、そこを褒めて伸ばすと良いでしょう。

【やればできる子法】

部下の企画書にダメ出しをするときに……

例

×「この企画書は、ちょっと〝ダメ〟だよ」
○「もっと良い企画書を作れるはずなのに〝残念〟だよ」

自分に自信がない人は【絞って褒める「一点集中法」】

先ほどとは正反対の自分に自信がないタイプです。

このタイプは、自己肯定感が弱いのですが、その理由として、なかなか成功体験が積めていないことが挙げられます。

人は成功体験が多いと自己肯定感が上がりますが、少ないと何をやってもうまくいかない、また失敗してしまうと思いがちです。

そういう相手は、まずはどれだけ小さくても良いので、成功体験を積ませることが大事です。

例えば、月の目標が達成できていなかったとしても、目標達成に向けた取り組みの中で良かったものをしっかり認めて褒めてあげます。

「今月、目標達成はできなかったけど、アポイントの数は先月よりも1・5倍に増えたね。これは、今まで積み上げてきた努力が実っている証拠だよ。まずはこのままアポ数が増えていけば、必ず全体の目標達成にも近づくから、更なるアポ数増加を目指してみよう」

あれも、これもと追いかけると、結局、あれもできなかった、これもできなかったと、できなかったことに焦点が当たります。

自信が持てない人は、どうしても**できないことに目を向けてさらに自信が無くなっていきます。**

だからこそ、意識してできたことに焦点を当て、そこをしっかり褒めるのです。

何か一つでも自分の中でできたという自信になれば、それをきっかけにできることを徐々に増やしていきます。

結果、大きな目標の達成につながり、本人も「本当の自信」が付くようになるでしょう。

この話をすると、たまにマネジャーの方が、

「そんなこと言っても、うちの部下の○○は、本当に褒めるところなんてないですよ。どうしようもないんですから。何を言ってもへこたれないんですよ！」と言われることがあります。

「その部下に対するものの見方が良くないですよ。何を言ってもへこたれないって、十分すごいことじゃないですか！　そこを褒めましょうよ」

部下も全く褒めてもくれない上司のために頑張って働こうなんて思いません。

でも、そんな人でも上司が褒めるようになった瞬間、次の月からいきなり予算を達成するようになるケースが多いのです。

自分に自信がない人には、とにかく色々な課題を与えずに、一点集中でできることからしっかりやらせて自信を付けさせるのです。

諦めていた人材が、これで大きく変わります。

上司は常に部下の成長や可能性を信じて背中を押さなくてはいけません。

部下がダメなのは上司が可能性を引き出せていないから。自信を持たせてやれないからです。上司が自分の責任だと思って接すると、必ずその期待に答えようと部下も奮闘します。

人は自信が付くだけで、本来の自分の力を発揮します。ダメだと諦めるのではなく、可能性を見出して部下を信じてみてください。

【一点集中法】

部下の営業成績がふるわなかったときに…

例

✕「また、数字が足りなかったな。どうしてできないんだ？」

○「数字は足りなかったけど、提案数をクリアできたのは良かったよ」

自我が強いタイプは【長所を伸ばす視点で伝える「置き換え法」】

自我が強いタイプは、自分自身の考えやエゴが強く、そのエゴを否定しても絶対に受け入れません。マイペース、自分が一番だ、自分がいちばん大切だというのもこのタイプです。

そんな相手に、「君はここが悪い！　ここの弱みを直した方が良い」といくら言っても聞き入れる姿勢は見せません。

精神的には自分の弱さを隠すための無意識な自己防衛とも言われており、自分を守るために防御の姿勢をとります。

では、どう接すると良いのでしょうか？

短所を短所として突きつけても聞き入れる姿勢は見せないのですが、**長所を伸ばすための短所の克服という考え方をする**と、長所を伸ばすのが目的になるため、本人の自我に沿った解決方法となり受け入れやすくなります。

要するに、短所を長所でカバーしようという考え方です。

例えば、主張力が強い人は、人の意見を聞き入れる力が弱いものです。そんな相手に、「人の話はちゃんと受容しなきゃダメだよ。あなたは人の話を全然聞かないのが良くない」と言っても無駄です。

「あなたは発信力もあるし、主張力もあって人を動かす力がある人だから、もっとその力を増すためには、人の意見を聞き入れた方が良いと思うよ。他人は、自分の意見をしっかり聞き入れてくれる人に対して信頼を寄せるしリスペクトもするものだと思うよ」

強みを生かすためには、弱みの克服が近道であるというアプローチをすれば、本人も弱みの克服が自分のメリットになるため、長所を強めるために短所をカバーすることにポジティブになります。

短所を長所に置き換えて克服しようというと、本人だってやる気が出るでしょう。

人はそもそも短所と長所を持ち合わせています。

大胆な行動が得意な人は細かいことは苦手ですし、慎重な人はミスが少ないですが、大胆に行動するのは苦手です。

人を統率し引っ張る力がある人は、後方から支援するような力は弱く、人の話を聞くのが上手な人は、人の意見に対して自分の考えを主張するのが苦手です。

しかし、この相反するスキルの両方を鍛えると、他の人にはなかなか真似できないその人の強みになります。

【置き換え法】

もっと人の話を聞いて欲しいときに…

例

×「ほかの人の話は、もっとちゃんと受容しなきゃダメだよ」

○「あなたは人を動かせる人なんだから、その強みを伸ばすためにほかの人の話も聞いてみるといいよ」

他人を大事にするタイプは【短所を長所に替える「スイッチ法」】

前項の自我が強いタイプと逆のタイプです。

自分よりも他人を大事にして相手を思う気持ちが強い人は、自分は二の次に置きがちです。

人への貢献欲求は強いのですが、自分のことになると自信が持てない人が多いのがこのタイプです。先ほどの短所を長所でカバーするのとは逆で、短所を長所に変えていく方法を取ります。

例えば、このタイプはリーダーとして矢面《やおもて》に立って皆を引っ張るのは苦手です。でも、その短所を長所に変えるという考え方をすると、本人もできるかもしれないと思うのです。

リーダーは自分が先頭に立って引っ張らなくてはいけないという考えを変えて、引っ張れないなら、とことん周りを支援するというやり方に変えればよいのです。

誰かのために役に立ちたい、貢献したいという気持ちをもっと強めて、その対象を広げていけば、チームへの貢献、組織への貢献となります。つまり後方支援型のリーダーになれるのです。

弱みを弱みにするのではなく、強みに切り替えて自分のタイプを生かしたリーダーシップを取ればよいわけです。

またこのタイプは、営業でも数字を追いかけたり、ライバルや競合会社と凌ぎを削って戦うのは苦手です。

だったら、売り上げを追いかけるのではなく、もっと多くの人に貢献するという貢献度合いを増やすと考えると良いでしょう。

お客様に完璧なプレゼンを決めて相手を納得させるのが苦手なら、とことんお客様目線でお客様のために貢献することで信頼を得て「あなたにお願いしたい」と言ってもらえるようにすればよいのです。

短所を長所に替えて、自分の特性に合わせた価値を発揮すれば、今まで苦手だと思っていた役割や職種も克服することができます。

【スイッチ法】
リーダーや責任ある立場は無理だというときに……

例
×「もうそろそろ、部下を管理するような経験してほしい」
○「あなたは気配りができるから、チームのために、みんなを応援してほしい」

やる気がない人は【危機的状況と成功をイメージさせる「ギャップ法」】

会社でマネジャークラスの人たちからよく言われるのが「全くやる気が無い人を動かすにはどうすればよいか?」という問いです。

出世にも興味が無く、特に目標もなく、ただ自分の仕事をやればよいという人です。

こういう人は、危機感も全くないものです。

もちろん、やりたい！　と思うような仕事の魅力を増したり、できる！　と思える仕事の内容だと良いのですが、そもそもやる気が無く興味が無い場合は、まずはやらねば！　と思える危機感を醸成しないと動きません。

危機感を感じるというのは、最悪の状態が想像できるか？　ということです。

例えば、自分が好きなコレステロールが高い食べ物ばかりを食べ不摂生をしている人がいたとします。

でも、今までも特に健康に問題はなかったから、まぁいいやと思っています。

そんな人が、不摂生が原因で体を壊して、「このままの状態が続くと血がドロドロになって血管が詰まって脳卒中になったり、心臓病を発症して最悪命の危険だってあるよ！」と言われると、さすがにヤバイ！　となって食生活を見直すでしょう。

人は「最悪の状態」が想像できないと、まぁ大丈夫と思ってしまいます。

図4-4 最悪をイメージさせると危機感を持つ

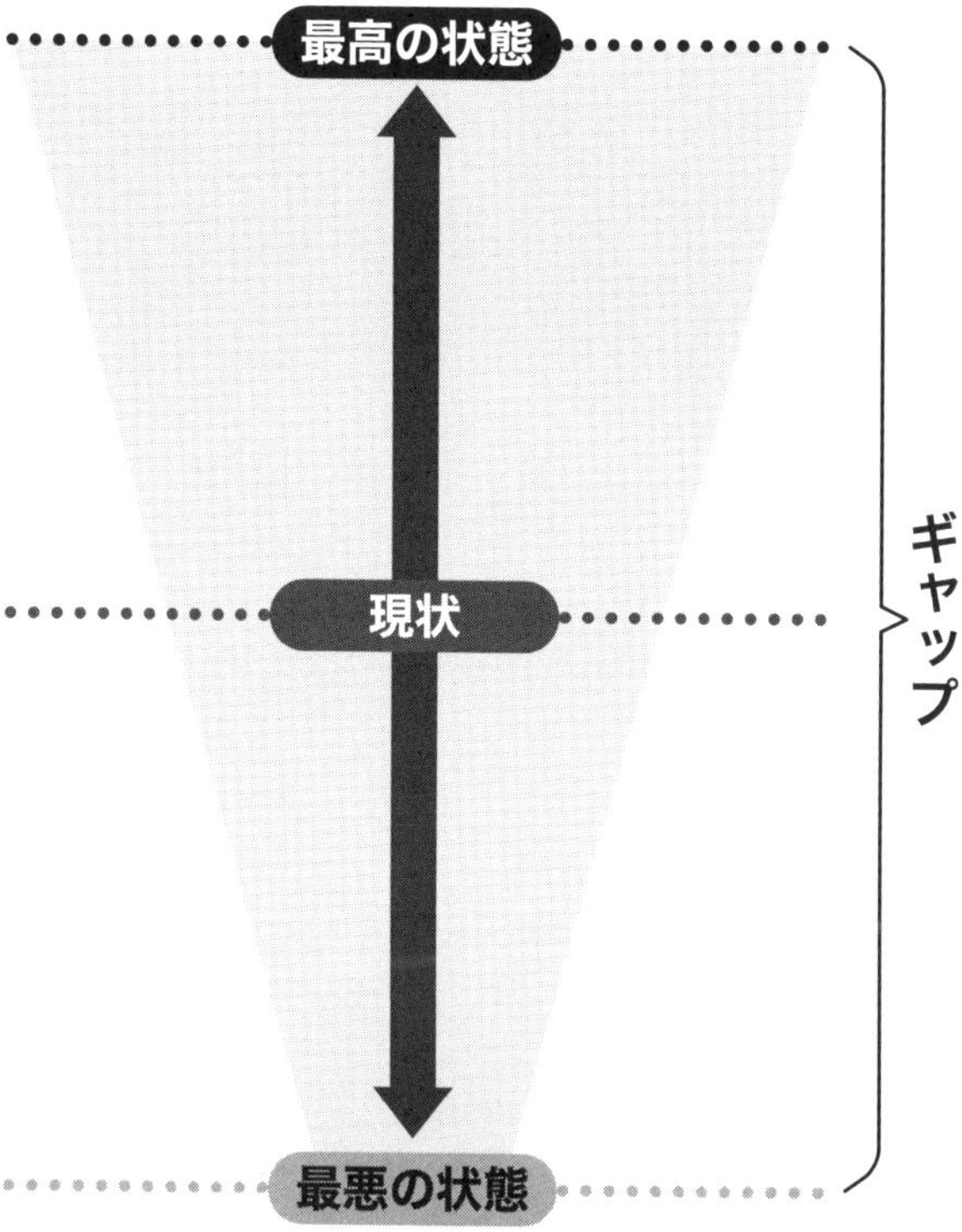

**最高の状態と最悪の状態のギャップが大きいほど
やる気の原動力になる！**

仕事の現場でも同じです。

「このままで安心と思うのは大間違い。環境の変化に伴って部署の再編や異動があったり、会社の統廃合によって今の仕事が無くなる可能性もある。その時に必要とされなかったら自分の立場が無くなるし、給料だって大幅に下がるかもしれない」と危機感を感じれば、動くようになるでしょう。

このまま定年まで働ける保証は誰にもありませんし、環境が変わることは良くあります。今のままで大丈夫と思っている相手には、最悪の状況を想像させる必要があります。

ただし、気を付けたいのは、これが脅しや押し付けになるとパワハラと言われてしまうことです。

パワハラにならないためには、「最高の状態」も同時に見せてあげるのも必要です。「今、事業部長もこの案件に注目をしている。ここで成果を出したら今までの評判が覆って有利になり、昇格も見えてくるぞ！」と、最高の状態も見せるのです。

ここで重要なのは、最悪の状態と最高の状態に大きなギャップがあれば、人は、よりやる気を増すということです。

最悪の状態も大したことなく、最高の状態も魅力が無い場合は動きません。

「最悪の状態」と「最高の状態」を相手により鮮明にイメージさせることができれば、それまで動かなかった相手も、動く原動力になります。

思わず買わなきゃ損と思う「限定法」はどんなときでも有効

よく通販番組で、「今から30分以内にお電話いただいた方のみの特別価格です！」と購入を促すのも、30分を過ぎると値段が上がってしまうという心理を突いて、買わなきゃ！　の気持ちを醸成し、購入につなげています。

英会話教室などのキャンペーンも同じです。

「入会特典が付くのは〇月〇日まで、先着50名様のみ！」こうやって期限や人数を限定することで行動を促しています。

人は限定に弱いです。

「期間限定」「数量限定」「地域限定」「限定モデル」「会員限定」などなど、〇〇限定と言われると、思わず買いたくなります。

この限定法は、購買意欲を増すときだけに有効ではありません。

営業でも同じ手法が使えます。

「今、キャンペーン期間中で、今月中に契約をしていただいた方に限り、割引や特典が付く」という手法はよく使われます。

そして「この特典は、お客様限定で付けさせていただきますので、絶対ほかのお客様には言わないでくださいね」と、すべてのお客様に同じことを言っているケースもあります。

部下の指導でも「営業成績上位3人までに報奨旅行が与えられる」とか、「あと〇〇万円売り上げれば、〇〇地区で歴代トップ10の売り上げになるぞ！」など、限定された中に入ることができるとなると、もう一段ギアを上げて頑張ろうという気持ちになります。

もちろん、「○月○日までに企画書を提出しないと、部署で一人だけ未提出になるぞ！」という危機感醸成で使うことも有効です。

上位○○位に入りたいというモチベーションもあれば、下位○○位には入りたくないという危機感からくるモチベーションもあり、相手の状況によって使い分けると良いでしょう。

そんな私も、「関西限定の人気のお土産が、東京駅限定で毎日先着50名様限定！○月○日までの期間限定販売です！　いかがですか？」と言われると、「おい！　限定法使いすぎじゃないか！」と突っ込みつつ、思わず買わずにはいられません。

技術よりも大切なことは、テクニックを使って何を実現したいか

この章でご紹介してきた人を動かすテクニックで、大事なのは、テクニックをそ

のまま使うことだけではありません。

相手の心を動かす技術は大変有効なものですが、その技術を何の目的で使うかが大切です。

そこで、あなたに問いたいのは、そのテクニックを使って、なぜ相手の心を動かしたいのですか？　相手の心を動かすことで何を実現したいのですか？　つまり、目的は何ですかということです。


人があなたのために動くときはどういうときか？

それは、あなたが実現したいことに対して共感をしているときです。

その実現したい世界が魅力的で、自分も一緒にその世界を見てみたいとか、一緒に実現したいと思うからこそ、あなたのために動きたいと思うのです。

ベンチャーで創業社長のために集う社員は、まさにその典型でしょう。

創業したばかりで、なんの約束も保障も無い中、「この会社で世の中のこんな課題を解決したい！　こんな人を助けたい！」と、そのビジョンに共感した人が集まり、会社という組織が形成されます。

その共感が拡がれば拡がるほど、会社の売り上げも増えて、その想いも多くの人に届きます。


会社でマネジメントをしている方も、自分の組織をどんな組織にしたいのか？

売り上げ目標達成というだけでなく、なぜ売り上げ目標を達成したいのか？

「売り上げを達成することで、部署として会社からの信頼が増して、本当にやりたい新規事業に着手できる！　人を増やして、個々の業務の負担軽減や経費を使って業務効率化を図り、残業の削減を行う！」

なぜ売り上げ達成が必要なのか？　その目的に共感するからこそ、部下も、「よし！　それなら部署のために、皆で頑張ろう！」となるのです。


新人だって人の心を動かせます。

「私が新人として活躍することで、部署としての結束力を証明し、売り上げを1・5倍に増やしたいです！」

そんな想いを持っているなら、先輩や上司も応援し手助けをしてくれるでしょう。

「私の評価査定を上げるために協力してください！」なんて言っても、「お前の利益のためだけに、なんで協力しなくてはいけないんだ？」と、誰も動いてくれません。

相手の心を動かすことを目的にするのではなく、なぜ相手の心を動かしたいのか？　心を動かす目的が明確になっていることが大事なのは忘れないで下さい。

その先に、自分が何を実現したいのか？　が必ずあるはずです。

その共感なくしてテクニックだけでは人は動きません。

喜んでティッシュ配りをするスタッフに変身した秘密

前職のメガネ屋時代に、ティッシュ配りをして来店数を増やし売り上げを上げる施策を実施していました。

しかし、嫌々配っていた店舗は全く売り上げが伸びません。

もう一方の店舗は、苦戦していた店舗ですが、売り上げが倍増しました。

この2つの店舗は何が違っていたのでしょうか。

売り上げが伸びない店舗は「ティッシュなんていまどき誰も取ってくれないですよ。やりたくないです」と言います。

売り上げが倍増した店舗は「ティッシュのお陰で安くておしゃれで素敵な眼鏡屋があるとお客様に知っていただいて、嬉しくて笑顔で配っています」と言います。

指導する立場からしても、その仕事にどんな意味があるのかを伝えることは大切ですし、単純なルーチン仕事をバカにせず、何のためにやっているのか？　を考えさせると、「納得」が生まれて、人は自ら動くことができるのです。

私は、成功店舗のスタッフの仕事への捉え方をお手本として全店に広め、今までティッシュ配りで効果が出ないと言っていた店舗も、売り上げが伸びる成果が出ました。

同じ仕事をやっていても、その仕事への捉え方で動き方が変わり、大きく成果は変わるものです。

第5章

伝え方で解決！　研修講座で大人気のお悩みQ&A

Q-1

成績が悪い部下の面談がうまくいきません

相談内容

部下は入社3年目で営業職ですが、なかなか結果が出ずに、毎回目標に大きく届かない成績で終わってしまいます。モチベーションも低い状態で、面談でも何を言っても反応が悪く、「はい。はい」とは頷くのですが、結局人の話を全然聞いてくれないという状態です。もう、何を言っていいのか分かりません。

この相談者の部下は、どれだけ現状から抜け出せるように説き伏せてもぬかに釘状態で、全く効かないとのことでした。

そこで普段、どんな風に相手に話しているのか聞いてみました。

「もっとやる気を出してもらわないと成績がいつまでも上がらないぞ！　そのまま

で自分は満足なのか？ 同期にも差を付けられるぞ！ そろそろ甘えを直して社会人としての自覚を持たないとダメだぞ」

危機感を醸成しないとやる気にならないと思って伝えても、相手には響かないということでした。

そして、こちらの求めていることとは逆に「私には無理です。そんな他の人と比べても能力が足りないし、コミュニケーションも苦手だし、やる気を出せと言われても無理です」という言葉が返ってきて頭を抱えたとのことでした。

そこで、私がアドバイスしたのは、3点。

①なぜできないのか？ ではなく、どうすればできるようになるか？ を考える
②できない相手を責めるのではなく、自分の期待を伝える
③マイルストーンを設定し、小さな成功体験を積ませる

①できないことばかりを責めても、相手は「できないものはできない！」となり聞く耳を持ちません。今の状態は、自己肯定感が非常に下がって自信喪失をしてい

る状態です。このままでは持ちませんので、できることに焦点を当てて、できたことを承認してあげるフェーズから入る必要があります。

②このままで自分は満足なのか？　と、相手の立場に立って言っているつもりですが、実は、これは逆効果です。**部下は上司に期待をされて、初めてやる気になります。**この言い方では上司の期待感は伝わらず、責められているとしか思えません。「私は、あなたには可能性があると思っているし、きっかけさえ掴めばもっと売れると期待している。だからもっと自分に自信を持って何をすべきかを考えて欲しい」というように、自分からの期待として伝えると効果的です。「あなたはなぜできない？」ではなく「私はできると思っている」と私の期待を伝えるのがポイントです。

③全く自信を失っている場合は、売り上げ目標を追うよりも、売り上げに繋がる行動目標を置いて、その行動目標を一つひとつクリアさせ、できたという自信を持たせると良いでしょう。結果が伴わなくても、行動目標をクリアすれば承認して喜びます。そうやって、一歩一歩小さな成功体験を積ませると良いでしょう。

「そんな面倒なことはできない！」と、思うかもしれません。

もちろん、相手の状態によって関わり方は変える必要がありますが、例題の方の場合は、しっかり寄り添って導く必要があります。

それが面倒だと思う場合は、部下が悪いのではなく、マネジャー失格と思った方が良いでしょう。

Q-2 部下が数字目標に興味を示しません

相談内容

目標には定量化が必要で、いつも数字で語るようにしていますが、部下がその数字目標に対して興味を示さない人が多く、困っています。部署の特徴として、人の役には立ちたいけど、自分から積極的に数字を取りに行くタイプではなく、消極的です。また、理屈っぽい人も多く、自分が納得しないと動いてくれません。

第2章で述べた【やわらかタイプ】の人は、挑戦的な目標や競争意識、数字目標を立てても闘争心は生まれません。また【ロジカルタイプ】は、数字で示す定量的な目標には興味を示しますが、その数字にどんな意味があるかを理解しないと納得して目標に向かえません。

やわらかタイプは貢献欲求が強いため、数字だけの目標で煽っても意味が無く、貢献の大きさや、世の中の皆さんを喜ばせる指標としての数字だということを納得させれば、本人の貢献欲求に火が付きます。

数字に対して前向きになれない一つの理由として、自分たちが稼ぐためにお客様を犠牲にして数字を作ることに対する抵抗があります。

「この数字を作ることが本当にお客様の為になるのか？　自分たちの利益のためだけに数字を追いかけるのは納得がいかない」という気持ちです。

その想いを払拭するように、**自社の商品やサービスが、お客様にどのように貢献しているのかを説明する必要がある**でしょう。

また、ロジカルタイプは定量的な目標は明確で目指す目標としては良いのですが、その数字に意味が無いものは受け入れがたいというものです。

その数字が何を意味するのか？　その数字を達成したら何がもたらされるのか？

これが理解できないと数字に向かってアクションを起こせません。

例えば、

「売り上げ目標の達成が今までやってきた施策に対する成果であり、やってきたことへの証明である」

「目標達成により販管費がより使えるようになり、営業活動も更に後押しされる」

「会社内での発言力が増え、今まで通らなかった企画が通るようになり、自分たちのやりたいことができるようになる」

など、数字を達成することで得られるものが何かを明確にすると納得度が増します。特にロジカルタイプは、納得度が高くないと動きません。説明は丁寧にする必要があり、適当にあしらった場合は逆効果です。数字の目標は単なる数字でしかありません。

【ガツガツタイプ】は、その数字を超えることに対して燃えることもありますが、やはり、どのタイプも数字だけで語るのではなく、その数字の持つ意味をしっかり伝える必要があるということです。

Q-3 何を頼んでも上司が動いてくれません

相談内容

直属の上司である部長は、こちらから提案しても、「今はそれをやっている時期じゃない」とか、「予算も掛かるし、効果が無かったらどうするんだ?」と、あまり受け入れてくれず、実際に動いてもくれません。営業成績を上げろと言われて、そのために必要な施策なのに、何もやってくれないと営業成績も上がりません。どうすれば部長は動いてくれるでしょうか?

まずは、第1章でも述べたように、ただ単に「お願いします!」と言っても、上司が動く意味やメリットが伝わっていないと動いてくれません。

上司は組織単位でものごとを考えていて、個人の利益のためだけに動こうとは思いません。

これをやることで、チームとして、部署としてメリットがあると示せないと上司は動いてくれません。

自分の利益だけで動いてもらおうと思っていないかがまずは大事です。

また、会社が大きくなればなるほど、上司はリスクを考えて動きます。

それをやることのリスクとメリット。これを天秤に掛けてリスクが多ければやらないという判断にもなるでしょう。

その場合は、自分がやりたいことを伝えるだけでは相手に響きません。

リスクヘッジができているのか？ それによるメリットは明確に示せているか？

また、実行者は自分であるという主体性を示し、成果が出れば上司としてもメリットがある、手柄が得られると思えば前向きになるでしょう。

また、やらないことのリスクを伝えるのも良いでしょう。

「ここでやらないと、他社に先を越されてしまう」

「このまま何もやらずに成果が出ないと、部署が評価されない」

「今、経営陣が興味を示している分野なので、やらなかった時のリスクの方が大きい」


など、上司の立場に立ってリスクを示すと危機感を感じるでしょう。


さらに大切なのは、あなたの意志が伝わっているかどうかです。

上司を動かすことで何を成し遂げたいのか？

自分がどのような想いを持ってその仕事に取り組んで、何を実現したいのか？

その想いが、自分だけの想いではなく、会社や上司が掲げる目標や戦略と結びついているか？

「会社の目指す課題解決型提案ができる組織を実現し、部署としての目標を達成するためにも、新しいアプローチが必要です。部長も、過去に捉われずに新たな挑戦をしないと現状は打破できないと、会議で仰っていたじゃないですか！　この施策が成功すれば全社的にもインパクトは大きく、部署としても注目されるので、是非、私の主導でやらせてください！」

こういえば、上司としても否定はできないでしょう。

あとは、実現可能性があるのかどうか？　そこに乖離がある場合は、上司の意見を仰ぎながら実現可能性のある方法への変更も柔軟に対応すれば、あなたの為に上司は動いてくれます。

Q-4

朝礼がマンネリで誰も聞いてくれません

相談内容

毎朝朝礼があるのですが、課長の私から目標に対する進捗状況と、伝達事項や、今日の行動目標の確認をしています。しかしマンネリのせいか話をしっかり聞いてくれません。営業成績が悪い部下にはその原因を話させて改善行動を促しますが、あまり効果がありません。

これも良くある話です。

朝礼は、どういう目的で開いていますか？

上司からの伝達事項を伝えるため？

各人の今日の動きを確認するため？

営業の進捗状況や、仕事の進捗を確認するため？

それだけのための朝礼だったら、今すぐ止めた方が良いでしょう。

せっかく大勢を集めて、仕事の手を止めて時間を取る朝礼です。

仕事に対するモチベーションを上げる朝礼にならないと意味がありません。

朝礼によって、目標が明確になり、その目標に対する道筋が明確になり、自身もやるべきことが明確になり、目標に向かってエンジンが掛かる状態です。

そのために朝礼でやってほしいことは、上司からの一方的な伝達にはしないということです。必ずメンバーからの発言を求めます。しかしながら、ここでは評価は禁物です。

朝礼で発表して、上司から責められる構図ができあがると、その朝礼は苦痛なもの、順番が回ってきて欲しくないものになります。

これでは、モチベーションが上がるどころか、だだ下がりです。

朝礼では、成果報告やナレッジ共有など、参加者全員のためになる情報を伝えましょう。

さらに、そこで発表をした人は、必ず賞賛し、承認することです。また、ちょっとした表彰や、今月のＭＶＰ発表など、メンバーの頑張りにスポットを当てるのも良いでしょう。

とにかく、朝礼は皆が仕事のやる気を育てる場所にしなくてはいけません。

朝から苦痛な朝礼を終えて、仕事に気持ちが入るでしょうか？　朝礼を終えたら、ワクワクした気分で仕事に取り組むような、やる気が湧き出る場にしたいものです。

そんな朝礼にできれば、誰も聞いていないなんてことにはならないでしょう。

ちなみに、朝礼でメンバーの主体性を引き出したい場合は、朝礼の進行を当番制で回すという方法もあります。

新人も含めて、朝礼の進行を任せれば、朝礼が他人事ではなく自分事になります。

何も組織の長が朝礼を仕切らなくてはいけないというルールはありません。

上司も朝礼の一参加者として、部下に任せるのも効果的です。

Q-5
商談でいつもクロージングがうまくいきません

相談内容

クロージングの場で、いつも良いところまで行くのに「商品は気に入っているんだけど、今は時期じゃないなぁ」とか「もうちょっと状況を見てから、本当に必要になったら買います」と、今ではないという理由で断られることが多いです。どうすれば、今、買う決断をしていただけるでしょうか？

第2章のタイプ別を見きわめたコミュニケーションや、第4章の限定法を効果的に使うとクロージングもうまくいくようになります。

人は結論をできるだけ後回しにしたいものです。

だからこそ、今決める必然性を作ってあげる必要があります。

マンションの販売などでも、大型マンションでたくさん販売する際には、「第1期販売開始！」とか、「第3期販売も残り戸数わずか！」などと区切って販売しています。

区切って限定法を使うことで、今買わないと良い物件がなくなってしまうと危機感が醸成されて、決めるきっかけになります。

これは、マンション販売業者がクロージング率を高めるためのテクニックなので、実は第3期販売だからといって第3期販売の物件しか買えないかというと、そうではありません。

まだ販売が決まっていない先の期の販売物件でも、「この場所なら契約したい」といえば、大抵販売してくれます。

「今はまだ早いかな？ もう少し状況を見てから導入しようかと思います」

こういう理由で断られることは多々あります。

「もし、この商品を気に入っていただいたのであれば、例えば、半年後に導入されても良いと思いますが、同じ金額を支払うのであれば、今導入すれば、半年早く実行できますよ。この半年で状況が悪化したらそもそも意味が無いですし、半年間やらない方が無駄じゃないですか？」

と、先延ばしすることのリスクを伝えると良いでしょう。

私も、子どもが生まれたときに、最新のビデオカメラを買い替えるか悩んで、店員さんに尋ねました。

「これ、半年経ったら価格下がりますよね？　下がってから買おうかな」

そう言ったら、店員さんが笑顔で答えました。

「はい、確かに半年経てば価格は下がります。でも、その半年間にお子さんのかわいい笑顔が最高画質で残せると思えば、そっちの方が価値ないですか？」

私は、その場で「買います！」と決断しました。

また、高額商品ほどお客様は不安が大きくなります。

その場合は、購入後のアフターサービスや故障時の対応なども含めてお客様から了承を得て不安を払拭すれば、購入へのハードルは低くなります。

これを私は「ダンドリ販売術」と呼んでいますが、詳しくは私の著書『これが「ダンドリ販売術」！』（同文舘出版）」をご覧下さい。

Q-6

プレゼンが苦手で伝わりません

相談内容

業務効率化のためのシステムを構築しているのですが、仕事はコンペになることが多く、複数社が先方に対してプレゼンをして、その内容で受注する企業が決まります。弊社は独自のサービスで他社に負けない効果的なソリューションを提供しています。しかし、お客様からは「今回我々が求めていることからは少しずれていました」と言われてしまいました。完璧に準備をしたつもりが、どうも伝わらなかったようです。どうすれば自社の魅力がしっかり伝わるプレゼンになるでしょうか？

第2章でも10分黙って話を聞けばお宝が手に入ると述べました。

ここで伝わらない大きなポイントは、誰を中心にプレゼンをしていますか？ということです。

相談者は、自社の魅力や製品のよさをアピールするためにどうすればよいか？という視点で話をしています。

もう、その時点で間違っています。

プレゼンは、自社の魅力訴求が一番の目的ではありません。

常に**「お客様の立場」で、お客様の課題解決や欲求を満たす内容になっているか**どうかです。

もちろん、自社の商品やサービスに他社との差別化があるのは大事ですが、では、その差別化されたものが本当に相手が求めているものでしょうか？

お客様は素晴らしい商品やサービスを求めているのではなく、自社の課題を的確に解決してくれる、もしくは欲求を満たしてくれる商品やサービスが欲しいのです。

例えば、気軽に乗れて燃費も良い軽自動車を探しているお客様に、ポルシエをオススメしても買いません。商品の素晴らしさや良さは分かっているけれど、それは求めていないというわけです。

逆に、お客様が、パーティーに着て行くブランドの服を探しているのに、ユニクロやしまむらの服がどれだけ質が高くてリーズナブルな服だったとしても、それも求めていません。

プレゼンはテクニックだけでは勝てません。

相手の課題にしっかりアプローチし、顕在化した欲求だけでなく潜在的な欲求をも満たす提案をし、相手が求めているものにフィットして始めて「お願いします！」となるわけです。

資料の作成も、丁寧であることは良いことですが、シンプルでも相手の求めていることが的確に押さえられていれば、訴求力は高まります。

プレゼンの質の高さは認められているわけですから、自社目線から、お客様目線に変えて、お客様の課題にしっかり向き合い、相手が求めているものにフィットし、相手の期待を超える提案をすれば、プレゼンの成功率は上がるでしょう。

「わが社のサービスは最高です！」と押し売りをするのではなく、お客様に寄り添った提案を心がけてみてください。

Q-7

採用面談でいつもライバル会社に負けてしまいます

相談内容

優秀な学生の獲得にいつも苦労をしています。だからこそ、学生を丁寧に扱い、面談でも学生の話を良く聞き、相手の良い部分を持ち上げています。待遇面でもライバル会社には負けていないのですが、最終的にライバル会社に決められてしまうことが多いです。理由を聞くと「とても素敵な会社で、面談をしてくださる皆さんも優しくてよかったのですが、他社さんの方がチャレンジできる環境だと思いました」と言われました。

良い学生を取ろうと、相手を尊重し、丁寧な対応をするのは良いことですが、それだけでは「あの人はいい人だけど好きじゃない!」という状態に陥ります。

第3章で述べた未来や大きな目標を伝えているか? 第4章で述べたように、相手の理解者になって信頼が得られているか? 単なるいい人で終わるのではなく、相手の理解者となり、一緒に働きたいと思える存在になっているかどうかです。

まず、その会社に入って自分はどんな未来を描けるのか？　そんな将来の姿に夢や希望を抱きます。

今の待遇が良いとか、いい人がいるというだけでは輝かしい未来は描けません。

会社が目指すべき方向や目標に対して共感するか？　その目標に対してやりたい！　できる！　やらねば！　という3つの輪が重なった状態になっているのかが重要です。

私は、学生の面談も多数経験しましたが、最終的に相手の深層をしっかり掴んで、その深層に対してアプローチし、自分が入るべき会社はこの会社だと思ってもらうようにしています。

例えば、自社が中堅ベンチャーの場合、競合となるのは同業他社の大手です。

待遇面や安定性、知名度といった部分では大手にはかないません。

そこで、相手の深層を突きます。

「大きな仕事をやってみたいって言ってたけど、それは、会社として大きな仕事をして、その一員として携わりたいのか、自分自身が大きなプロジェクトを引っ張ってやっていきたいのかどっち？」

「もちろん、自分が引っ張りたいです」

「それはいいね。だったら、うちの方が、若いうちから責任を持って仕事を任されて、プロジェクトも自分で主体的に進められるよ。大手だと分業制だし責任ある仕事を任されるまでは時間が掛かるよね」

このように、大手との違いを明確にして、相手が求めている深層にアプローチして未来を見せると、「ここで挑戦してみたい」となります。

もちろん、これが大手の立場だと、また違った言い方になるでしょう。

「大きな仕事をしたいって言ってたけど、ベンチャーの方が成長は早いので、気になっているってことも言ってたよね？　でも、うちは大手だけど、部署ごとに責任が委譲されていて、部署が一つのベンチャー企業みたいなもの。しかも、大手だからこそ使えるお金やシステムや人材も豊富だから、実はベンチャーでは絶対にできない挑戦ができるんだよ」

いかがでしょう？　伝え方次第で、相手の心が動くのが分かるでしょう。

もちろん、実態の無いことを言って採用をしても、入社後に全然違ったとなれば問題です。

大事なのは、**相手の深層を捉えて、その深層にアプローチし、モチベーションを上げる伝え方**をしてあげることです。

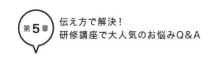

おわりに

「伝え方」に正解はありません。

なぜなら、伝わったか伝わらなかったのかの答えは、相手にあるからです。

私も日々悩み、研究し、試行錯誤しています。

しかし、ある一定のセオリーや理論は存在します。

15秒で伝えると意識するだけでも言葉は研ぎ澄まされます。

本書も是非読んで終わりではなく、一つ一つ実践で活用し、試行錯誤しながら習得してください。

相手を見て、伝えようとするその思いが、伝え方を向上させます。


本書を執筆するにあたっては、多くの方のご支援をいただき感謝しております。

10数年以上のお付き合いになる出版プロデューサーである松尾昭仁さんは、私が人生のどん底にいた時に出版のきっかけを与えていただき、本書の企画にもご支援いただきました。

私が講師を務める組織人事コンサルティングの株式会社リンクアンドモチベーション代表である小笹芳央さんからは多大なる影響を受けました。講師を仕事にするきっかけもリンクアンドモチベーションの研修を受講したのが始まりです。

本書の事例に出てくる様々な人は、株式会社オンデーズの皆さん、リンクアンドモチベーショングループの皆さんを始め、一緒に仕事をしてきた方々がモデルです。いつも刺激をありがとうございます。

また、新たなチャンスを切り開く手助けをしていただいた、株式会社ピュア・コンサルティング代表の清永健一さん、志師塾塾長の五十嵐和也さん、一緒に学んだ仲間の皆さんは一生の財産です。

ＦＭ小田原では、多くの皆さんに本の魅力を伝える番組「羽田徹のキキミミ図書館」が放送中です（２０１８年8月現在）。共演の宮本ゆみ子さんに声を掛けていただき番組が実現し、本を紹介する番組ができたことに感謝します。

編集の木村香代さんには、企画段階から的確なアドバイスをいただきました。自分では思いつかない視点を与えていただきありがとうございます。

私が2008年に初の著書を出してから生まれた長女も、すでに小学校2年生で、その下には幼稚園に入った双子の次女と長男がいます。

本は自分の人生の棚卸でもあり、子どものような存在です。

3人の子どもと共に、本書も大きく成長してくれることを望みます。

何よりも、妻には未だに「話し方のプロなんだから私にもちゃんと伝えてよ」と教育をされる毎日で、感謝しております。

私自身がビジネス書からたくさん学び、刺激を受け、人生の財産をたくさんもらっています。

誰でも気軽に安価に手にできる学びとして、ビジネス書は世の中に多大なる貢献をしていると思っています。

「学びでこの世界を豊かにする」ために、本書が皆さんの人生にとって少しでもプラスになることができれば、こんなに嬉しいことはありません。

［著者］
羽田 徹（はだ・とおる）
話し方コンサルタント・トップ講師プロデューサー
株式会社web-school.tv代表取締役
大学生の頃よりラジオDJを始め、1998年に大阪で人気No.1のFM802主催の新人DJオーディションに合格。その後FM愛知や文化放送でラジオDJとして10年間活動。番組降板により挫折し不動産投資会社の営業に転職。話し方を武器に営業力を磨き、２年目にトップ営業になる。
2008年にはその営業力が認められ倒産寸前だったロープライス眼鏡会社の取締役営業本部長に就任、当時64店舗から110店舗への躍進を支える。またインターネットカフェ最大手にて社外取締役を務める。
2012年、ラジオDJとしての話し方の技術、営業力、組織マネジメント力、経営経験などを生かし、組織人事コンサルタント会社のリンクアンドモチベーションにてナビゲーター（研修講師）、ファシリテーターとして活動。大手企業からベンチャーまで年間100件以上登壇、延べ２万人以上の人たちと接する。
研修講師の採用や育成の責任者も兼任。新人やマネジメント研修、エグゼクティブへのスピーチ・プレゼン指導、組織活性ワークショップ、働き方改革のためのロジカルシンキング講座などを得意とする。自身の経験から「学びでこの世界を豊かにする」を理念として活動中。著書に『ビジネスマンのためのスピーチ上手になれる本』（同文舘出版）がある。社会人のための「話し方動画教室オンライン（http://www.doga-school.com)」運営。

相手のキャラを見きわめて
15秒で伝える！
――最小の手間で、最高の結果を出す方法

2018年８月22日　第１刷発行

著　者――羽田 徹
発行所――ダイヤモンド社
〒150-8409　東京都渋谷区神宮前6-12-17
http://www.diamond.co.jp/
電話／03･5778･7234（編集）　03･5778･7240（販売）
装丁――――bookwall
本文デザイン・DTP――大谷昌稔
イラスト――坂木浩子(ぽるか)
製作進行――ダイヤモンド・グラフィック社
印刷――――八光印刷(本文)・慶昌堂印刷(カバー)
製本――――本間製本
企画協力――松尾昭仁(ネクストサービス株式会社)
編集担当――木村香代

ISBN 978-4-478-10612-9